RAHIM TAGHIZADEGAN

# Alles, was Sie über die Österreichische Schule der Nationalökonomie wissen müssen

FBV

Eine Einführung in die Austrian Economics

**Bibliografische Information der Deutschen Nationalbibliothek**

Die Deutsche Nationalbibliothek verzeichnet diese Publikation in der Deutschen Nationalbibliografie. Detaillierte bibliografische Daten sind im Internet über **https://dnb.de** abrufbar.

**Für Fragen und Anregungen:**
info@m-vg.de

5. Auflage 2025


ein Imprint der Münchner Verlagsgruppe GmbH
Türkenstraße 89
80799 München
Tel.: 089 651285-0



Redaktion: Matthias Michel
Korrektorat: Hella Neukötter
Umschlaggestaltung: Laura Osswald
Umschlagabbildung: picture-alliance/akg-images; picture-alliance/Imagno; picture-alliance/APA/picturedesk.com; picture-alliance/Everett Collection; Getty Images/Bettmann/Kontributor
Satz: ZeroSoft, Timisoara
Druck: ScandBook, Litauen
Printed in the EU

ISBN Print 978-3-95972-008-3
ISBN E-Book (PDF) 978-3-86248-993-0
ISBN E-Book (EPUB, Mobi) 978-3-86248-994-7

Wir produzieren nachhaltig
www.m-vg.de

*Weitere Informationen zum Verlag finden Sie unter*

www.finanzbuchverlag.de

*Beachten Sie auch unsere weiteren Verlage unter*
*www.m-vg.de*

# Inhalt

# Vorwort von Jörg Guido Hülsmann

Die Wiener Schule der Nationalökonomie wird bald 150 Jahre alt und sie ist immer noch so frisch und unersetzlich wie in ihren jungen Jahren. Mit Adam Smith erklärt sie die Bedeutung von Sparen, Kapital und Arbeitsteilung. Mit Menger und Mises erläutert sie, wie Preise aus subjektiven Werturteilen entspringen, wie Geldangebot und -nachfrage die Wirtschaft prägen und warum Geldpolitik uns dennoch nicht bereichert. Einzig unter den heutigen volkswirtschaftlichen Denkschulen pflegt sie das Erbe des philosophischen Realismus. Einzig bietet sie ein zusammenhängendes Denkgebäude von den epistemologischen Grundlagen bis in die Verästelungen der Preistheorie und der Wirtschaftspolitik. Einzig verbindet sie die klassische Ökonomie mit der Moderne. Einzig ihre mutigen Vertreter stemmen sich immer wieder der Menschheitsbeglückung durch staatlichen Zwang entgegen.

Zu Letzteren zählt auch Rahim Taghizadegan. Durch zahlreiche Bücher, Aufsätze und Vorträge hat er sich bereits einen guten Namen unter den Gelehrten gemacht. Anders als andere Gelehrte glänzt er zudem durch seine unternehmerischen Initiativen, insbesondere durch das von ihm gegründete Scholarium, dessen Rektor er heute ist. Taghizadegan zeigt auf den folgenden Seiten seine große Kunst, Sachverstand mit schriftstellerischer Eleganz zu verbinden. Es sind schon einige Einführungen zur Wiener Schule erschienen, aber noch keine wie diese. Der Autor begleitet den Leser in kleinen Schritten buchstäblich von einer Frage zur nächsten, ganz ähnlich wie ein mittelalterlicher Scholastiker, im besten Sinne des Wortes. Dem Neuling werden dabei nicht nur die wichtigsten Themen vor Augen geführt – Methoden, Kapital, Geld, Banken, Unternehmer, Politik usw. – sondern zugleich auch die jeweils wichtigsten Fragen und Probleme. So hätte ich die Wiener Schule auch gerne kennenlernen wollen, aber in meinem Falle ist es zu spät. Allen Neugierigen rate ich also: Nutzen Sie die günstige Gelegenheit und entdecken Sie die Wiener Schule mit Taghizadegan! Sie werden es nicht bereuen.

Angers, im Oktober 2016

Jörg Guido Hülsmann

# Überblick und Geschichte

# Was ist die Österreichische Schule der Nationalökonomie?

Die Österreichische (oder Wiener) Schule der Nationalökonomie (oder -ökonomik) ist eine wirtschaftswissenschaftliche Tradition, die auf Carl Menger und dessen Schüler zurückgeht. Die Bezeichnung wurde gegen Ende des 19. Jahrhunderts geprägt, als der Unterschied in der Herangehensweise der Wiener Ökonomen im Gegensatz zu Fachkollegen an anderen Orten, insbesondere Berlin, offensichtlich wurde. Diese Tradition wurde sogleich als Schule angesehen, weil Carl Menger ein besonders erfolgreicher Lehrer war: Er war insgesamt an 20 Habilitationen beteiligt (von seinen Schülern wurden also so viele wiederum zu Dozenten). Plötzlich häuften sich in Wien kompetente Ökonomen, die deutlich anders dachten und schrieben als Ökonomen an anderen Universitäten.

# Was unterschied die Wiener Ökonomen von Berliner und anderen Ökonomen?

In Berlin war damals die Historische Schule dominant, die davon ausging, dass es ökonomische Gesetzmäßigkeiten, die für alle Menschen richtig sind, gar nicht geben könne. Vielmehr seien alle ökonomischen Phänomene kulturell und historisch bestimmt, ob als Verkettungen geschichtlicher Zufälle oder als Ausdruck eines spezifischen »Volksgeists«. Die führenden Berliner Ökonomen der Zeit waren marktfeindlich, da sie den »Krämergeist« für »undeutsch« hielten. »Deutsch« sei das Heldentum, und das habe nichts mit dem individuellen Streben nach Verbesserung der eigenen Lage zu tun. Sie plädierten für einen starken Staat, der die Wirtschaft nach außerwirtschaftlichen Erwägungen zu führen und kontrollieren habe. Daher nannte man diese Ökonomen auch »Kathedersozialisten« und das »geistige Leibregiment des Hauses Hohenzollern«. Die Wiener Ökonomen hingegen wollten die Realität beschreiben und sich zunächst der Werturteile enthalten. Sie waren davon überzeugt, dass es eine Logik des menschlichen Handelns gebe, die von Rasse, Klasse und utopischen Wunschvorstellungen unabhängig sei.

# Warum gerade in Wien?

Das Wien des 19. Jahrhunderts erlebte eine wirtschaftliche, kulturelle und wissenschaftliche Blüte. Es war Zentrum des Orienthandels und zugleich Zentrum der späten Modernisierung und Industrialisierung Zentraleuropas. Vor dem Ersten Weltkrieg lebten hier fast zwei Millionen Menschen, ungefähr so viele wie heute. Wien war damals die größte deutschsprachige Stadt und die fünftgrößte Stadt der Welt. Zwar war Wien Sitz der Verwaltung der Habsburgermonarchie, doch der größte Teil der prunkvollen Bausubstanz geht auf bürgerliche Unternehmer und Stifter zurück. In den Salons der Stadt trafen, wie ein Jahrhundert zuvor in Schottland, Unternehmer auf Wissenschaftler und Künstler. Zudem waren im Schmelztiegel Wien alle Extreme der Zeit direkt beobachtbar – man sprach davon, dass Wien »die kleine Welt, in der die große ihre Probe hält«, sei. Wien wurde zum Zentrum einer späten Aufklärung, die der schottischen Aufklärung viel näher war als der französischen. Diese österreichische Aufklärung zeigte sich wie die schottische insbesondere in realistischer Sozial- und Wirtschaftswissenschaft.

# Österreichische oder Wiener Schule? Der Nationalökonomie oder der Ökonomik?

Die Bezeichnungen Wiener und Österreichische Schule wurden von Beginn an synonym verwendet. Im englischen Sprachraum ist allerdings fast nur von »Austrian School« die Rede, daher überwiegt heute auch im Deutschen das Etikett »Österreichisch«. Für Letzteres spricht, neben dem englischen Sprachgebrauch, auch der Umstand, dass es nicht nur Wiener waren, die in der Österreichischen Schule wirkten. Nach heutiger Benennung waren es aber auch nicht nur Österreicher. Das alte Österreich war eine zentraleuropäische Vielvölkermonarchie: Mengers Geburtsort liegt im heutigen Polen, Böhm von Bawerks Geburtsort (wie der von Hayeks Großvater) im heutigen Tschechien, Mises' Geburtsort in der heutigen Ukraine. Das heutige Österreich hat mit dem alten Österreich sehr wenig gemein, noch weniger als das heutige Wien mit dem alten Wien. Wiener Schule ist auf Deutsch kürzer und die Bezeichnung nach dem historischen Zentrum weniger irreführend als die Bezeichnung nach den Habsburgischen Erblanden, die der heutigen Republik den Namen gaben.

Nationalökonomie ist die altertümliche Bezeichnung der Volkswirtschaftslehre – »national« verdeutlicht den Gegensatz zur Betriebswirtschaft. Die heutige Volkswirtschaftslehre hat jedoch wenig mit dem Zugang der Wiener Schule gemein. Auf Englisch ist von »Austrian School of Economics« die Rede, und das Englische unterscheidet sauberer als das Deutsche zwischen *economy* – Wirtschaftraum – und *economics* –

Wirtschaftswissenschaft. Im Deutschen müsste man analog von Ökonomie und Ökonomik sprechen. Aufgrund des individualistischen (und nicht nationalistischen) Zugangs der österreichischen Ökonomen wäre die korrekteste Bezeichnung für ihre Denktradition »Wiener Schule der Ökonomik«. Im Weiteren werde ich nur noch von Wiener Schule sprechen; es gab allerdings zahlreiche »Wiener Schulen« – etwa der Musik oder der Kunstgeschichte –, darum ist der Zusatz »der Ökonomik« stets dazuzudenken.

# Auf welchen Werten beruht die Wiener Schule?

»Werte« im herkömmlichen und ethischen Sinne, nämlich Werthaltungen, also Prinzipien, Überzeugungen und Maßstäbe, sind etwas anderes als ökonomische Werte. Die Wiener Schule beruht auf den Werthaltungen, dass Erkenntnis möglich und wünschenswert ist, dass die Freiheit des Menschen möglich und wünschenswert ist und dass sich in einem freien Wettstreit der Argumente die besseren durchsetzen mögen – unabhängig davon, ob die Schlüsse Beifall finden, lukrativ sind oder eigenen Interessen günstig. In ihrem persönlichen Leben haben die meisten Vertreter der Wiener Schule gezeigt, dass für sie Integrität und Wahrheitsstreben besonders wertvoll waren, auch im ökonomischen Sinne – dass sie also bereit waren, dafür Einkommen und Prestige aufzugeben.

# Mal ehrlich, waren die Vertreter der Wiener Schule wirklich alle so heldenhaft?

Die Vertreter der Wiener Schule waren und sind keine Übermenschen. Dieses Buch soll in eine zu Unrecht vergessene Tradition einführen, keine biografische Detailanalyse sein noch eine Hagiografie. Auch Vertreter der Wiener Schule irrten und waren nicht frei von menschlichen Schwächen. Diese können aber nicht Gegenstand einer ersten, positiven Darstellung sein. Die positive Darstellung ist nicht parteiisch gemeint, sondern als einfacher Überblick. Mögliche Kritikansätze würden die Darstellung zu sehr verkomplizieren.

Ökonomik ist als Teil der praktischen Philosophie eine ständige Übung, die von ihren jeweiligen Ausübenden zu trennen ist. Die Wiener Schule wird hier herausgegriffen, weil das Etikett, bei aller Verkürzung, die Aufmerksamkeit auf eine historische Verdichtung realistischer Ökonomik führt. Ökonomik ist aber nur ein kleiner Teilbereich der Erkenntnis. Heute ist die Spanne riesengroß zwischen der akademisch-medialen Überschätzung der Bedeutung und Aussagekraft der Ökonomik und dem tatsächlichen ökonomischen Verständnis der Realität. Gefährlich ist es, in diesem eklatanten Missverhältnis, die Wiener Schule als statische Weltformel misszuverstehen. Auch Ökonomen, die sich zur Wiener Schule rechnen oder bekennen, ist zu misstrauen, wenn sie ausschließlich Ökonomen sind und Ideologie oder Eigeninteressen vor die Erkenntnis stellen.

Immer größere Teile der Bevölkerung suchen nach neuen Antworten, die meisten aber nur nach einfachen Rezepten, die aus dem gegenwärtigen Schlamassel führen sollen. So werden auch ökonomische Konzepte »vulgarisiert«, und Denker werden dafür mit Aufmerksamkeit belohnt, dass sie genehme Schlussfolgerungen bieten. Die Wiener Schule, sofern sie nicht als ergebnisoffene Denktradition verstanden wird, sondern als politisch-polemische Agenda, ist nicht viel besser als der sonstige Meinungs- und »Informations«-Müll, der unterhält, ablenkt und spaltet. Zugutehalten muss man dieser Vulgär-Ökonomik nur, dass sie sich nicht gut für Staatskarrieren eignet, nur für kleine Schwindlerkarrieren, und der Schaden der letzteren ist in Summe viel geringer als jener der ersteren. Deshalb ist die populäre Verbreitung der Ansätze der Wiener Schule unter dem Strich positiv – aber keine heroische Leistung. Nur Glaubenssätze brauchen Missionare.

Das Eintreten für die Wiener Schule darf nicht missverstanden werden als unkritische Preisung der Ökonomik, sondern nur als Lückenfüller – diese Tradition geriet zu Unrecht in Vergessenheit und hinterließ eine große Lücke. Es geht nicht darum, andere Traditionen und Schulen herunterzumachen, sondern die verheerende Wirkung falscher, überschätzter, anmaßender und interessengetriebener Ökonomik zu lindern. Es geht nicht darum, eine Tradition oder Methode als die einzig wahre zu preisen, sondern einen nüchternen Blick auf die Anreize zu werfen, die erklären, warum bestimmte Traditionen und Methoden avancierten und andere vergessen, verdrängt und vertrieben wurden.

# War die Wiener Schule wirklich eine »Schule«?

Der Begriff »Schule« bezeichnet drei Dinge: Erstens eine Denktradition, in der Lehrer an Schüler Wissen, Methoden, Fertigkeiten und Prinzipien weitergeben. Zweitens einen Ort, an dem gelehrt und gelernt wird. Drittens eine Grundeinstellung, nach der griechischen Wurzel *scholé* – Muße: die Freiheit, Bereitschaft und Fähigkeit zu unabhängiger Erkenntnissuche.

Eine Denktradition bedeutet nicht, dass die Schüler genauso denken wie die Lehrer oder immer zu denselben Schlüssen gelangen. Sie bedeutet, dass sie als »Zwerge auf den Schultern von Riesen« stehen, wie es die alte Devise der abendländischen Wissenschaftstradition besagt. Die »Riesen« erweisen sich bei näherem Hinsehen wiederum als unzählige aufeinanderstehende Zwerge verschiedener Größe. Es ist absurd, sich zu ökonomischen Frage zu äußern, ohne die »Riesen« der Ökonomik studiert zu haben – denn sonst sind wir dazu gezwungen, immer wieder dieselben Irrtümer zu wiederholen. Unter dem Etikett »Wiener Schule« verdichten sich wichtige Stränge dieser uralten Lehrer-Schüler-Ketten, die manchmal in Sackgassen münden, aber wichtige Steighilfen zu den aktuellen Gipfeln der Erkenntnis sind.

Im Kern war die Wiener Schule eine »österreichische« – das heißt mittel- und osteuropäische – Fortsetzung der schottisch-englisch-amerikanischen Aufklärung. Diese Tradition hob sich von der sonstigen kontinentalen Aufklärung durch nüchternen Realismus, intellektuelle Bescheidenheit und antitotalitäre Tendenz ab. Auch viele andere Europäer gehörten dieser Strömung an. Der Gegensatz zur intellektuellen Bescheidenheit ist der übertriebene Rationalismus, der die kontinentale von der *»Anglo-Austrian«* Aufklärung unterscheidet. Die schottische und die österreichische Aufklärung betrachteten Institutionen eher als Resultate menschlichen Handelns denn als Ergebnisse menschlichen Plans. Darum wird mehr Augenmerk auf das Verstehen dieses Handelns gelegt denn auf politische Gebote, Utopien, Absichtserklärungen und Polemiken.

Einer der Orte der Wiener Schule war die alte, ehemals jesuitische Universität Wiens, ein Portal abendländischer Erkenntnis, aber auch der Verwirrung, Verbeamtung und des Missbrauchs von Wissen. Viel wichtigere Orte und wohl die eigentlichen »Schulen« waren die Kaffeehäuser und Salonzimmer der Stadt, in denen Theoretiker und Praktiker zusammenkamen und im intimen Rahmen ohne Denkverbote, Zwänge, Rücksichten und Absichten über die Realität streiten konnten – ganz ähnlich wie schon bei der vorhergehenden schottischen Aufklärung, die ebenfalls Unternehmer mit Denkern zusammenbrachte.

# Wer sind die wichtigsten Vertreter der Wiener Schule?

Besondere Bedeutung kommt natürlich dem Gründer der Wiener Schule, Carl Menger, zu. Er hinterließ aber nur wenige Schriften. Seine wichtigsten Schüler waren Eugen Böhm von Bawerk und Friedrich von Wieser, denn diese brachten wiederum wichtige Schüler hervor.

Unter deren Schülern ragen insbesondere Ludwig von Mises und Friedrich von Hayek heraus. Beide mussten Wien verlassen, und damit kam die Wiener Schule in Wien zu ihrem Ende. Am bedeutendsten für die weitere Verbreitung der Wiener Schule als »Austrian Economics« in den USA war wohl Mises' amerikanischer Schüler Murray Rothbard.

Die genannten Namen dürfen also als erste, engere Liste dienen, um einen Überblick zu bekommen. Über die relative Bedeutung heute lebender Vertreter der Wiener Schule wird die Geschichte entscheiden.

Die Wichtigkeit von Vertretern lässt sich am ehesten an der Anzahl ihrer Schüler und deren Wirkung erkennen. Allerdings gibt es die alte europäische Universität, an der die Wiener Schule entstand, nicht mehr. In den USA wirkte die Wiener Schule eher außerhalb der Universitäten. Heute unterrichten zwar einzelne ihrer Vertreter an Universitäten, doch daran ist ihre Bedeutung schwerlich abzulesen. Volkswirtschaftslehre im Rahmen von staatlich akkreditierten Lehrplänen hat mit dem interdisziplinären Programm der Wiener Schule kaum etwas zu tun.

# Wer war Carl Menger?

Der Begründer der Wiener Schule wurde am 23. Februar 1840 im galizischen Neu-Sandez (heute Nowy Sącz in Polen) als Carl Menger, Edler von Wolfensgrün geboren. Früh verlor er vier Geschwister und seinen Vater, woraufhin er auf dem Gut seines Großvaters in Maniowy aufwuchs. Er studierte in Prag (Tschechien), Krakau (Polen) und Wien und finanzierte sein Studium durch journalistische und literarische Tätigkeit (er schrieb auch Fortsetzungsromane); so arbeitete er für das *Neue Wiener Tagblatt* und für die – bis heute erscheinende – *Wiener Zeitung*.

1871 wurden seine *Grundsätze der Volkswirthschaftslehre* erstmals veröffentlicht und stellen das Gründungsdokument der Wiener Schule dar – eine veritable Revolution in der Ökonomik. Als junger Mann kam Menger so zu wissenschaftlichem Weltruhm. Er wurde als Privatlehrer für den österreichischen Kronprinzen Rudolf engagiert und speiste mit der kaiserlichen Familie. Zwei Gerüchte umgeben diese Tätigkeit: Zum einen wird vermutet, dass Carl Menger eigentlicher Verfasser einiger kritischer Schriften sein könnte, die der Kronprinz unter Pseudonym veröffentlichte. Zum anderen nahm Ludwig von Mises an, dass der Selbstmord des Kronprinzen teilweise eine hoffnungslose Reaktion auf die düsteren, sehr prophetischen Zukunftseinschätzungen von Menger gewesen sein könnte. Wahrscheinlich ist in beiden Fragen nur eine beschränkte Mitwirkung Mengers: Er hat gewiss bei den Schriften des Kronprinzen maßgeblich geholfen und wahrscheinlich nicht viel Raum für kurzfristigen Optimismus gelassen, doch der Selbstmord ist überwiegend auf eine psychische Störung Rudolfs zurückzuführen.

Als Journalist hatte Menger ökonomische Phänomene in der Realität beobachtet und ihm war aufgefallen, dass die bestehende Theorie nicht ausreichte, um diese zu erklären. Insbesondere die Preis- und Werttheorie war mangelhaft. Die Bodenständigkeit des Journalisten und vermutlich seine aristotelische Prägung ließen Menger die Ökonomik wieder auf eine realistische Grundlage führen. Ebendiese Grundlage erkannte er in den menschlichen Handlungen. Zunächst nimmt sich Menger kaum als Revolutionär wahr, will er doch bloß die Lücken der klassischen Ökonomik nach Adam Smith und David Ricardo füllen. Das Wertproblem harrte noch einer Lösung: Ließe es sich mittels einer einheitlichen Theorie erklären, warum etwas so Nützliches wie Wasser einen so geringen Tauschwert und etwas so Unnützes wie Diamanten einen so hohen hat? Eine einheitliche Wert- und Preistheorie würde wiederum einen theoretischen Ordnungsrahmen für ein besseres, das heißt realistischeres Verständnis der Geschichte anbieten und wäre damit auch dem damals in deutschen Landen dominanten Historizismus dienlich gewesen. So widmete Menger sein Hauptwerk auch Wilhelm Roscher, dem ehrwürdigen Begründer der Historischen Schule. Ein tiefgehendes theoretisches Verständnis sollte es schließlich erlauben, besser zu begreifen, woher Wohlstand kommt und was zu höherem Wohlstand führt. Menger formulierte diese Problemstellung mit der Frage nach den »Ursachen der fortschreitenden Wohlfahrt des Menschen«. Diese Formulierung erinnert an Adam Smiths berühmte *Inquiry into the Nature and Causes of the Wealth of Nations*, doch unterscheidet sich in zwei wichtigen Punkten davon, die kaum Zufall sind: Erstens nimmt Menger den einzelnen Menschen zum Ausgangspunkt seiner Überlegungen. An die Stelle der merkantilistischen Perspektive auf die »Volkswirtschaft« oder »Nationalökonomie«, die so dominant war, dass sie die Begriffe prägte, die auch die Vertreter der Wiener Schule aufgrund deren Geläufigkeit nutzten, tritt ein humaner Zugang, der sich am persönlichen Handeln und den persönlichen Zielen der Menschen orientiert. Deren Verschiedenheit geht nicht in Kollektivgrößen unter, sondern stellt den Ausgangspunkt des Verständnisses dar. Zweitens drückt »fortschreitende Wohlfahrt« im Gegensatz zum »Wohlstand« sehr deutlich die dynamische Perspektive aus.

Das menschliche Subjekt als Ausgangspunkt der Ökonomik wiederum lässt ein realistisches Menschenbild als Grundlage dieser Wissenschaft zu. Beginnend mit Menger ist so die Ökonomik der Wiener Schule stets Sozialwissenschaft. Mengers ökonomischer Zugang ist auch und gerade für heutige Verhältnisse noch revolutionär: Bei ihm spielen Wissen, Ungewissheit und Zeit zentrale Rollen. Seine dynamische Perspektive geht von einem Marktprozess aus, nicht von stationären Zuständen.

Menger hatte ein ungewöhnlich breites Verständnis von Ökonomik und war weit entfernt vom reduzierenden Ökonomismus. Ebenfalls wegweisend war sein Verständnis von gesellschaftlichen Institutionen: Er prägte die Theorie der »spontanen Ordnung« und vermochte es so, das Entstehen der wichtigsten Institutionen zu erklären. Eigentlich wollte er als Ergänzung ein Werk über die Grundsätze der Soziologie veröffentlichen, doch kam er nicht mehr dazu.

Mengers Bibliothek zählte mehr als 1.000 ethnologische Titel – von insgesamt für die damalige Zeit unglaublichen 25.000 Büchern aus allen Fachbereichen, von denen in Wien kein einziges erhalten blieb. Leider ist sein eigenes schriftliches Werk nicht besonders umfangreich geraten, doch der Grund dafür ist ein günstiger: Menger widmete sich vorwiegend der Begründung der Wiener Schule, als hochgeschätzter Lehrer brachte er unzählige Schüler hervor. Schon 1873 war er mit 33 zum jüngsten Professor Österreichs ernannt geworden. Später wurde ihm der Titel Hofrat verliehen und er stieg ins Herrenhaus auf.

Aufgrund sozialen Drucks legte er 1903 seine Professur nieder. Ein Jahr zuvor hatte er mit der 29 Jahre jüngeren Journalistin Hermine Andermann ein uneheliches Kind gezeugt: Carl Menger, der ein berühmter Mathematiker werden sollte. Der Kaiser legitimierte auf Carl Mengers Bitten hin später seinen Sohn. Womöglich fiel ihm das Ende seines akademischen Wirkens nicht mehr so schwer, da er die Lage Europas und die Entwicklung der Universitäten bereits als hoffnungslos betrachtete. Seine Vorschläge zur Gesundung des Geldwesens und zur Reform des Wirtschaftsstudiums wurden in zu geringem Maße umgesetzt; er erahnte früh die katastrophalen Folgen der aufkommenden politischen Wahnideen. Bis zu seinem Tod am 26. Februar 1921 lebte Menger mit seiner Familie im 9. Wiener Gemeindebezirk, wo er liebevoll von seiner hochtalentierten Lebenspartnerin, die zugleich seine wissenschaftliche Assistentin war, gepflegt wurde.

## Wer war Eugen Böhm von Bawerk?

Eugen Böhm wurde 1851 im mährischen Brünn (heute Brno in Tschechien) geboren. Den Adelstitel »Ritter von Bawerk« hatte sein Vater erhalten. Kurz wird der Nachname daher meist, nicht ganz korrekt, als Böhm-Bawerk geschrieben. In jungen Jahren übersiedelte Böhm nach Wien und besuchte das Schottengymnasium, wo er Friedrich von Wieser kennenlernte, mit dem ihn eine lebenslange Freundschaft verbinden sollte.

In Wien habilitierte er 1880 unter Carl Menger. Nach dem Studium arbeitete er zunächst in der niederösterreichischen Finanzverwaltung und heiratete die Schwester seines Freundes Wieser. 1882 wurde er an die kleine Universität Innsbruck berufen und kurz darauf zum ordentlichen Professor ernannt.

Böhms didaktisches Geschick stand dem seines Lehrers Carl Menger in nichts nach, seine Werke sind aufgrund der geistreichen Beispiele und der klaren Sprache noch heute besonders lesbar, was man von anderen ökonomischen Werken der Zeit kaum behaupten kann. Besonderes Verdienst erwarb er sich um die Weiterentwicklung der Kapital- und Zinstheorie, der jedoch Carl Menger zu Recht kritisch gegenüberstand, da Böhm zu einer gewissen abstrakten Künstlichkeit tendiert, die teilweise der heutigen Neoklassik ähnelt.

In seiner berühmten Schrift von 1896, *Zum Abschluß des Marxschen Systems*, legte Böhm eine eloquente Widerlegung des Marxismus vor, insbesondere von dessen absurder, wenngleich auf der klassischen Ökonomik beruhender Arbeitswerttheorie.

Seit 1889 wirkte Böhm als Beamter im Finanzministerium und wurde danach dreimal Finanzminister und Mitglied des Herrenhauses. Als Minister war er berüchtigt für seine eiserne Sparpolitik. Er trat zurück, als er gegen die Ausgabenwut des Staates, insbesondere für Rüstung, nicht mehr ankommen konnte. Danach wirkte er als Professor in Wien und galt seinerzeit als einer der bedeutendsten und berühmtesten Ökonomen der ganzen Welt; schließlich wurde er Präsident der Akademie der Wissenschaften. Im August 1914 starb er in Kramsach in Tirol.

## Wer war Friedrich von Wieser?

Friedrich Freiherr von Wieser teilte wesentliche biografische Eckpunkte mit Böhm von Bawerk. Er wurde ebenfalls 1851 geboren, allerdings direkt in Wien; sein Vater war als Vizepräsident des Rechnungshofes geadelt worden. An der Universität entdeckte er das Werk von Carl Menger, das er als große Befreiung aus der »Not des Denkens« empfand, wie er später schrieb. Wie schon Böhm verbrachte er auf Vermittlung Mengers einige Zeit als Stipendiat in Heidelberg, Leipzig und Jena und wurde nach seinem Studium Beamter in der niederösterreichischen Finanzlandesdirektion. Einige Jahre nach Böhm habilitierte er ebenfalls unter Carl Menger. Daraufhin erhielt er eine außerordentliche Professur in Prag.

Auch Wieser galt als hervorragender Lehrer. Er formulierte Mengers Wertlehre aus, leitete von ihr die Wertzurechnung in Produktionsstrukturen ab und prägte wesentliche Begriffe. So führte er den Begriff »Grenznutzen« in die Ökonomie ein und entwickelte das Konzept der Opportunitätskosten. Er erkannte, dass Preise Informationen übertragen, eine Einsicht, die sein Schüler Friedrich von Hayek weiterentwickeln sollte. Seine Beiträge gingen jedoch zunehmend ins Politische und ließen sich von der Verwirrung der Zeit anstecken, wodurch sein wissenschaftliches und politisches Erbe geschmälert ist. Bleibende Bedeutung hatte Wieser nur als Lehrer, der die nächste Generation der Wiener Schule bildete. Allerdings ebnete er auch etatistischen Günstlingen wie Hans Mayer den Weg, die das Ende der Wiener Schule in Wien markierten.

Wieser war passionierter Musiker und sehr am Kulturleben interessiert. Er förderte wichtige Komponisten wie Hugo Wolf und Anton Bruckner und wurde Präsident der Deutschen Gesellschaft für Kunst und Literatur in Prag. 1901 übernahm er das Amt des Universitätsrektors, bald kehrte er aber wieder nach Wien zurück, um Carl Menger auf seinem Lehrstuhl nachzufolgen.

Ebenso wurde er Mitglied des Herrenhauses, später Handelsminister und Minister für Öffentliche Arbeiten. 1926 starb Wieser auf seinem Sommersitz in Brunnwinkel am Wolfgangsee.

# Wer war Ludwig von Mises?

Ludwig Heinrich Edler von Mises wurde 1881 im galizischen Lemberg (heute in der Ukraine) in eine jüdische Familie geboren, die assimiliert war und schon seit mehreren Generationen dem Verdienstadel angehörte. Nach seiner Übersiedlung nach Wien besuchte er dort das Akademische Gymnasium, worauf ein Universitätsstudium bei Böhm von Bawerk und Menger folgte. Nach dem Studium arbeitete er bei der Wiener Handelskammer als Ökonom und wurde schließlich verbeamtet. Einen ordentlichen Lehrstuhl sollte er niemals bekommen, er wirkte als unbezahlter Privatdozent, obwohl er als der weltweit bedeutendste Geld- und Konjunkturtheoretiker seiner Zeit galt. 1912 habilitierte er mit einer Arbeit zur Geldtheorie (*Theorie des Geldes und der Umlaufsmittel*).

Schon Menger hatte an die alte, bereits fast vergessene Geldtheorie angeknüpft, die Geld nicht als Erfindung und Verordnung der Machthaber interpretierte, sondern als soziales Phänomen. Das tiefere Verständnis der Entstehung und Funktion des Geldes erlaubte Mises eine scharfe Kritik der Manipulation des Geldes, eine Geißel, die die Menschheit seit ihrer Frühgeschichte begleitet. Eng verbunden mit der Geldtheorie ist die Konjunkturzyklustheorie, die ebenfalls Mises ausformuliert hat. 1927 gründete er mit seinem Schüler Friedrich von Hayek das Österreichische Institut für Konjunkturforschung, aus dem das heutige *WIFO (Österreichisches Institut für Wirtschaftsforschung)* hervorging, das die Wiener Schule letztlich gegen politisch genehmere und lukrativere Pseudowissenschaft eintauschte.

Wesentliche Bedeutung für den Fortbestand der Wiener Schule hatte das interdisziplinäre Privatseminar von Mises, das er an der Handelskammer abhielt (auch dort ist heute jede Erinnerung an Mises verblasst). In diesem Seminar verkehrten die wichtigsten Denker der Zeit, insbesondere Ökonomen, Juristen, Philosophen, Politikwissenschaftler und Soziologen. Das Seminar wurde meist bis in die frühen Morgenstunden in einem Kaffeehaus fortgesetzt.

Mises stand hoch oben auf der Liste der Feinde des nationalsozialistischen Regimes. Noch am Vorabend des Anschlusses wurde seine Bibliothek ausgeräumt und beschlagnahmt. Offenbar planten die Nationalsozialisten, Margit Serény-Herzfeld, die spätere Ehefrau von Mises, als Geisel festzuhalten, um ihren bereits in Genf lebenden und lehrenden Verlobten zur Rückkehr zu bewegen – und so einen schwergewichtigen intellektuellen Gegner endgültig auszuschalten. Zum Glück gelang Margit von Mises rechtzeitig die Flucht. Es ist eine bittere Ironie der Geschichte, dass Mises' enteignete Bücher erst vor wenigen Jahren in Moskau auftauchten. Die Sowjet-Sozialisten hatten die Bücher beschlagnahmt und so gut unter Verschluss gehalten, dass sie erst lange nach dem Ende der Sowjetunion wieder auftauchten.

Historische Bedeutung erlangte Mises in der sogenannten Kalkulationsdebatte, in der er die Unmöglichkeit einer Wirtschaftsrechnung im Sozialismus zeigte. Dafür, so schlug der Sozialist Oscar Lange augenzwinkernd vor, sollte ihm eine Statue in jedem Ministerium für Zentralplanung errichtet werden. Die Geschichte gab Mises recht, doch seinerzeit war dies alles andere als eindeutig: Versprach der Sozialismus doch einst nicht nur eine gerechtere, sondern vor allem auch eine effizientere Form des Wirtschaftens. Auf der Grundlage seines prophetischen Denkens konnte Mises den Sozialdemokraten Otto Bauer davon überzeugen, Wien ein bolschewistisches Experiment zu ersparen, und rettete damit die Stadt.

In fortgeschrittenem Alter musste Mises aus Europa flüchten und fand nach abenteuerlicher Reise in den USA eine neue Heimat. Er lernte, die englische Sprache fließend zu sprechen, und brachte in Amerika in unermüdlicher Tätigkeit eine neue Generation der Wiener Schule hervor. Er wirkte als Gastprofessor an der New York University und begann, mit beeindruckender Produktivität auf Englisch zu publizieren. 1973 verstarb er im Alter von 92 Jahren in New York. Sein Leben hatte er unter das Motto von Vergil gestellt: Weiche nicht dem Bösen, sondern tritt ihm umso mutiger entgegen!

## Wer war Friedrich August von Hayek?

Friedrich August von Hayek wurde 1899 in Wien geboren, seine katholische (nicht praktizierende) Familie gehörte ebenfalls dem Verdienstadel an, verdient von einem Brünner Unternehmer. Früh kam Hayek mit den führenden Wissenschaftlern der Zeit in Kontakt. In Wien studierte er bei Menger, Böhm und Wieser, Letzterer wurde sein Doktorvater. 1929 habilitierte er auch bei Wieser. Nebenbei führte Hayek den Geistkreis, ein Privatseminar, ähnlich dem von Ludwig von Mises, dessen Werke Hayek vom Sozialismus abgebracht hatten. Zwischendurch legte Hayek ein Auslandsjahr in den USA ein und begann eine Beamtenkarriere. Als junger Ökonom bewies er sein Talent durch die weitere Ausarbeitung der Konjunkturzyklustheorie von Mises und begründete zusammen mit ihm das *Österreichische Institut für Konjunkturforschung*.

Hayek verließ 1931 das immer wissenschaftsfeindlichere Wien für einen Lehrstuhl an der London School of Economics (LSE) und nahm später die britische Staatsbürgerschaft an. Dort wirkte er gemeinsam mit Lionel Robbins, der einst der Wiener Schule sehr nahestand – ihr aber später, wie fast alle anderen, den Rücken kehrte. Hayeks Schüler an der LSE wandten sich fast ausnahmslos dem Keynesianismus zu. Hayek galt als bedeutendster intellektueller Widerpart von Keynes, mit dem ihn allerdings auch eine persönliche Freundschaft verband.

Hayeks Karriere als Ökonom nahm ein Ende nach seiner Veröffentlichung von *The Road to Serfdom* (1944; dt.: *Der Weg zur Knechtschaft*), einer verzweifelten Warnung vor der Entwicklung zum Totalitarismus, vor dem auch Länder wie die USA oder Großbritannien nicht gefeit wären. Mit diesem populären, politischen Werk, das große Breitenwirkung erlangte, da es in gekürzter Fassung im *Reader's Digest* erschien, hatte Hayek – so die eigene Einschätzung – seinen Ruf als Ökonom ruiniert. In der Tat ist es problematisch, wenn Ökonomen politische Manifeste veröffentlichen – Mises haftete nach seinem flammenden Plädoyer *Liberalismus* (1927) ein ähnlicher Makel an. Man wird Wissenschaftlern nicht vorwerfen können, selbst explizite Meinungen zum Tagesgeschehen zu haben, doch färben politische Irrtümer natürlich auf die Wissenschaft selbst ab, insbesondere wenn eine Schule auf so wenige Exponenten dezimiert ist.

Der späte Hayek widmete sich zunehmend anderen Disziplinen, insbesondere der Rechtsphilosophie, der Ideengeschichte, der Psychologie und, wie bereits erwähnt, der politischen Philosophie. Er wurde zum Ideengeber einer Bewegung liberaler Intellektueller, die versuchte, durch die Popularisierung von »Ideen« dem etatistischen Zeitgeist entgegenzuwirken. Diese Strategie muss allerdings als gescheitert gelten. Die verwässerten »liberalen« Ideen waren entweder als Feigenblätter für Machtausweitung, Zentralisierung und Klüngelkapitalismus (Stichwort »Neoliberalismus«) »erfolgreich« oder sie versiegten vollends in einer intellektuellen Oberflächlichkeit, für die sowohl Prinzipien als auch wissenschaftlicher Anspruch zur Nebensache wurden.

1947 versammelte Hayek die nach dem Krieg letzten verbliebenen liberalen Intellektuellen der Welt am Mont Pèlerin am Genfer See, wo er eine danach benannte Gesellschaft gründete, die jährliche Treffen abhalten sollte. 1950 übersiedelte er schließlich mit seiner zweiten Ehefrau in die USA und nahm einen Lehrstuhl an der University of Chicago an.

1962 kehrte er nach Europa zurück, um einen Lehrstuhl an der Universität Freiburg zu übernehmen. Dort beeinflusste er die Freiburger Schule Walter Euckens, der seinerseits von der Phänomenologie Husserls geprägt war. Diese Schule sollte dereinst hinter Ludwig Erhards »sozialer Marktwirtschaft« stehen. Auch hier allerdings erwies sich die politische Macht als jener Filter, der falsche Schlüsse übertreibt und richtige Ansätze ausblendet. Wie viel Machtausdehnung ließ sich nicht im Namen der »Ordnungspolitik« legitimieren, des staatlich zu »veranstaltenden« Wettbewerbs. Von der Wiener Schule geprägte Kritiker abseits der Macht und des akademischen Establishments wie Volkmar Muthesius und Hans Hellwig erhielten kaum Gehör. In ihrem Kern nahm die Freiburger Schule jedoch viel Positives auf und entwickelte es weiter.

Später kehrte Hayek kurz als Gastprofessor nach Österreich, an die Universität Salzburg, zurück. Doch der im Nachkriegsösterreich herrschende etatistisch-korrupte Zeitgeist verdammte ihn zu Isolation, sodass er nach einem Herzinfarkt Salzburg wieder für Freiburg verließ. Auch in Österreich floss die Wiener Schule nochmals – ähnlich wie in Deutschland – über Umwege und verwässert in die Politik ein. Reinhard Kamitz, dem analog zu Erhard das »österreichische Wirtschaftswunder« zugeschrieben wird, war von Hayek beeinflusst. Doch auch hier überlebte die Ökonomik nicht den Todeskuss der Macht.

1974 erhielt Hayek spät den vermeintlichen »Wirtschaftsnobelpreis«, allerdings darf man diesen Preis nicht überbewerten. Dahinter stehen in der Regel politische Motive. Der Preis wurde entgegen der ausdrücklichen Ablehnung von Alfred Nobel von der schwedischen Zentralbank gestiftet, um den Ruf der ökonomischen Pseudowissenschaft zu verbessern. Als Hayek der Preis verliehen wurde, offenbar zum politischen Ausgleich des gleichzeitigen Preisträgers Gunnar Myrdal (ein schwedischer Sozialist), hatte er sich längst von der Ökonomik abgewandt. Er starb 1992 im Alter von 93 Jahren in Freiburg im Breisgau, sein Leichnam wurde auf dem Neustifter Friedhof in Wien bestattet.

## Wer war Murray Rothbard?

Murray Newton Rothbard wurde am 2. März 1926 in New York City in eine jüdische Familie aus Osteuropa geboren. Während seines Studiums der Mathematik und Ökonomik an der Columbia University wurde Rothbard von einem Kollegen auf das gerade (1949) erschienene Buch *Human Action* hingewiesen, die überarbeitete englische Ausgabe von Mises' 1940 publiziertem Hauptwerk *Nationalökonomie*. Von der logischen Stringenz und Klarheit war Rothbard so begeistert, dass er Mises' Seminare an der New York University besuchte und im Jahr 1952 auf Anfrage des William Volker Fund damit begann, die von Mises dargelegten Theorien der Wiener Schule in Form eines leichter lesbaren Buches zusammenzufassen. Es blieb jedoch nicht nur bei einer Zusammenfassung. Das von Rothbard zehn Jahre später vorgelegte Werk *Man, Economy, and State* (1962) sollte das bislang systematischste Lehrbuch über Ökonomik in der Tradition der Wiener Schule werden. Nicht nur deckte Rothbard den gesamten Bereich der Ökonomik, von den grundlegendsten formalen Implikationen des Handelns (Ziele, Mittel, Güter, Werte und Preise) bis hin zu den komplexeren Phänomenen wie der Produktionsstruktur, der Wirtschaftsrechnung und den Konjunkturzyklen ab, er untersuchte auch die Folgen, die verschiedene Spielarten staatlicher Interventionen mit sich bringen. Besonderen Fokus legte Rothbard in seinem Hauptwerk auf die Zeitpräferenzen der Marktteilnehmer und wie diese die Produktionsstruktur bestimmen. Mit *Man, Economy, and State* belebte Rothbard die zum damaligen Zeitpunkt fast ausgestorbene Tradition der Wiener Schule wieder zum Leben. Die 1974 abgehaltene South-Royalton-Conference in Vermont, bei der sich erstmals die neue Generation der US-amerikanischen »Austrians« trafen, wäre ohne Rothbards Werk undenkbar gewesen.

In seiner kurz danach erschienenen Studie *America's Great Depression* präsentierte Rothbard, basierend auf der Konjunkturzyklustheorie von Mises, eine Analyse der großen amerikanischen Depression der 1930er-Jahre. Rothbard kam zum Schluss, dass die Ursache der größten Wirtschaftskrise der Weltgeschichte nicht in der Deflation der 1930er-Jahre lag, sondern in der ihr vorausgegangenen Inflation und dem künstlichen Aufschwung der »Goldenen Zwanziger«.

Rothbard leistete jedoch nicht nur Beiträge zur ökonomischen Theorie. Er wirkte an der Schaffung der Libertarian Party mit und veröffentlichte das Manifest *For A New Liberty* (1973). Anders als frühere »Austrians« begründete Rothbard seine Werturteile nicht utilitaristisch, sondern auf Basis einer naturrechtsethischen politischen Philosophie.

Zusammen mit Llewellyn »Lew« Rockwell gründete Rothbard 1982 das Ludwig von Mises Institute in Auburn, Alabama. Trotz seiner Exkurse in Politik, Aktivismus und Journalismus fand Rothbard immer Zeit und Muße, sich mit ökonomischer Theorie und Geschichtswissenschaft zu befassen. Erwähnt seien hier nur seine Arbeiten zur Geld- und Banktheorie, zur amerikanischen Geld- und Kolonialgeschichte und insbesondere sein letztes, zweibändiges Hauptwerk *An Austrian Perspective on the History of Economic Thought* (1995) zur ökonomischen und philosophischen Ideengeschichte von der Antike bis hin zum ausgehenden 19. Jahrhundert. Alle Beiträge Rothbards zu erwähnen, wäre eine Aufgabe, die eines ganzen Buches verlangte – so umfasst seine Bibliografie alleine über 60 Seiten. Nach langjähriger Lehrtätigkeit zusammen mit seinem Schüler Hans-Hermann Hoppe an der University of Nevada, Las Vegas, verstarb Murray N. Rothbard am 7. Januar 1995 in New York City.

# Methode

# Was ist Ökonomik?

Der Begriff Ökonomik kommt aus dem Griechischen und bezeichnete ursprünglich einen Bereich der praktischen Philosophie – neben Ethik und Politik. Bei den alten Griechen, bei denen die Minderheit der freien Bürger weitgehend landwirtschaftliche Betriebe führte, handelte es sich um die Kunst der guten Haushaltsführung, die sich mit Fragen befasste, die vom Anbau der richtigen Sorten über die Wahl einer guten Ehefrau bis zur Behandlung der Sklaven reichten. Erst viel später kam die politische Ökonomik auf, die Staaten wie große Betriebe betrachtet und in der es meist um die Bewirtschaftung der Untertanen geht. Im Merkantilismus und schließlich im Sozialismus erlebte diese Art der »Volkswirtschaftslehre« ihren zynischen Höhepunkt.

Im 20. Jahrhundert entstand jene Disziplin, die heute fast überall an den Universitäten unterrichtet wird – eine Synthese aus Neoklassik, Monetarismus und Keynesianismus. Diese Synthese ist eine Weiterentwicklung des Szientismus des 19. Jahrhunderts, des Versuchs, die Sozialwissenschaften an den Naturwissenschaften zu orientieren und berechnende und messende Sozialingenieure hervorzubringen. Die Ökonomik der Wiener Schule ist im Gegensatz dazu mehr praktische Philosophie als »Wissenschaft« im engsten Wortsinne, wenngleich sich die meisten Ökonomen der Wiener Schule eher mit dem Bereich befassten, der für die alten Griechen »Politik« war (was wiederum mit der heutigen Verwendung des Begriffs Politik fast nichts mehr zu tun hat).

All die Begriffe und Schulen sind gewiss verwirrend, darum kurzgefasst: Ökonomik ist – in der Wiener Tradition – der

Versuch, wirtschaftliche Phänomene durch deren zugrunde liegendes menschliches Handeln zu verstehen. Doch was sind wirtschaftliche Phänomene? Diese lassen sich nicht klar abgrenzen. Friedrich August von Hayek meinte, einen schlechten Ökonomen würde man daran erkennen, dass er nur Ökonom ist. Die Wiener Schule lebte in der Realität stets in interdisziplinären Seminaren und hatte mit den modellhaften Erklärungen der heutigen Volkswirtschaftslehren, die von einem *homo oeconomicus* ausgehen, kaum etwas gemein. Ludwig von Mises schlug vor, allgemein von Praxeologie zu sprechen, der Lehre vom menschlichen Handeln, die einen kleineren Teilbereich namens Katallaktik umfassen würde. Katallaktik, so Hayek und Mises, sei der empfehlenswerte Name für die Ökonomik im engeren Sinne. Dieser Begriff geht auf griechisch *katallattein* zurück, was so viel wie »tauschen« und »vom Feind zum Freund machen« bedeutet. Wirtschaftliche Phänomene im engeren Sinne seien also solche, die entstehen, wenn Menschen über Märkte mit Fremden interagieren und den Tausch der Gewalt vorziehen, weil sie ihn als beidseitig vorteilhaft erkennen.

## Wie unterscheidet sich die Wiener Schule von anderen ökonomischen Schulen?

Die Wiener Schule ist zugleich mehr und weniger als eine Schule. Sie ist mehr als eine Schule, da sie eine der seltenen Ausformungen eines aufklärerischen Geistes war, der nicht mit der abendländischen Geistestradition brach, sondern Fortschrittlichkeit in der Wissenschaft und Erkenntnisoffenheit mit Vorsicht und Bescheidenheit in der Politik verband. Anders als andere Schulen bietet die Wiener Schule kein abgeschlossenes System, das von oben herab durchgesetzt und umgesetzt werden kann. Damit scheint sie weniger als eine Schule zu sein, die Tradition ist heterogen und offen genug, nahtlos an andere Disziplinen und eine Vielfalt von Erkenntnisversuchen anzuschließen. Manche deuten heute mit dem Finger auf die Widersprüche zwischen den unterschiedlichen Vertretern der Wiener Schule. Doch im eigentlich relevanten Sinne umfasst die Wiener Schule noch viel mehr und viel widersprüchlichere Denker als jene, die sich im engeren Gebiet der Ökonomik dieser Schule selbst zurechneten oder irgendwo im geistigen Stammbaum nach Carl Menger als Schüler von Schülern auftauchen.

Carl Menger hatte größere Bedeutung als andere Ökonomen, weil er systematisch junge Menschen unterschiedlicher biografischer und ideologischer Hintergründe an die wirtschaftliche Realität heranführte und zu ökonomischen Lehrern ausbildete, ohne sie zu missionieren oder ihnen ein geschlossenes System aufzupfropfen. Nach zwei Generationen dieser Schülerabfolgen entfernten sich die meisten Denker auch in dieser Tradition wieder von der Realität, weil der moderne akademische Betrieb Realitätsflucht besonders begünstigt. Der Unterschied zwischen den meisten Ökonomen, Politologen, Ethnologen und Soziologen, die im Zentraleuropa des 19. Jahrhunderts rund um das intellektuelle Zentrum Wien (das leider auch politisches Zentrum war) lebten, und den meisten heutigen Wirtschafts- und Sozialwissenschaftlern ist jedenfalls offensichtlich, auch wenn den alten Denkern noch vieles unbekannt und unklar war, sie Kinder ihrer Zeit und damit auch Träger der Irrtümer ihrer Zeit waren. Bis heute fallen Unterschiede auf, die uns dazu berechtigen, weiterhin von einer »Wiener Schule« zu sprechen.

Wenn Sie sich mit offener Einstellung unter denkende Menschen mischen, welche heute die Wiener Schule nicht als Schmähbegriff, sondern als positive Einladung ansehen, wird Ihnen Folgendes auffallen: Neben der typischen Polarisierung, Politisierung, Selbstbeweihräucherung und Ungeduld unserer Zeit, der kaum jemand entgehen kann, finden Sie einen Realitätssinn, eine Bereitschaft zum offenen Wort, eine Diskursfreude, eine Nüchternheit und kantige Renitenz, wie sie heute extrem selten sind. Die Regel sind angepasste Duckmäuser, feige Karrieristen – kurz: Systemtrottel, insbesondere unter Karriereakademikern, Karrierepolitikern und Karrierejournalisten. Auch wenn viele der Menschen, die heute die Wiener Schule positiv rezipieren, angesichts der Verhältnisse fast ohnmächtig vor Wut und Zynismus sind und in ideologisierten Kleinstgruppen Therapie, Ventil und Trost suchen, gibt es heute kaum Zirkel, die für die Erkenntnis günstiger sind. Wenn Sie hinreichend offen, klug und angstfrei sind, warten hinter dem gewiss etwas irreführenden Etikett »Austrian School« unglaubliche intellektuelle Abenteuer, die Ihnen den Atem rauben werden – Extremsport für den Geist. Sagen Sie nicht, ich hätte Sie nicht gewarnt, denn Sie könnten fast alles, das Sie über Wirtschaft, Politik und Gesellschaft zu wissen glaubten, als falsch erkennen.

# Warum ignoriert der ökonomische Mainstream die Wiener Schule?

Die Funktion des Universitätsfachs und der Profession »Volkswirtschaftslehre« ist das Produzieren von Alibis für die Entscheidungen von Menschen, die keine Konsequenzen für Fehlentscheidungen tragen müssen. Wer an dieser harten Aussage zweifelt, möge sich selbst ansehen, wer für Volkswirte bezahlt und was diese dafür liefern. Ihr Produkt sind »Studien« und »Papers«.

Unter dem Eindruck der Naturwissenschaften ist das Maß für »Wissenschaftlichkeit« heute der Grad an Formalisierung und die Präzision von Zahlen. Politiker, Interessenvertreter, Journalisten und sonstige Schwätzer (»Experten«) bedienen sich der vermeintlichen Objektivität von »Prognosen« und Modellrechnungen. Diese bieten Alibis, hinter denen sich verantwortungslose Akteure verstecken können.

Das Verdrängen der Wiener Schule ist, abgesehen von der Zerstörung der Wiener Wissenschaftstradition durch National-Sozialisten und Krieg, keine bewusste Verschwörung, sondern das Ergebnis falscher Anreize. Die Wiener Schule hat Volkswirten nur wenig von Wert zu bieten – im subjektiven Sinne von Karriere- und Einkommensmöglichkeiten. Selbst bei Verbeamtung und relativer Lehrfreiheit bietet realistische Sozialwissenschaft zu große Schwierigkeit und zu wenig Ertrag: Sie erfordert Universalgelehrte, die dann doch wieder nur als Schwätzer wahrgenommen werden, weil ihren Aussagen die Verbindlichkeit, Präzision und Form gewohnter Pseudowissenschaft fehlt. Die Wiener Schule wird also immer die Domäne von Privatgelehrten bleiben, die nicht davon abhängen, damit viel Geld zu verdienen. So warnte einer der größten Ökonomen dieser Tradition, Ludwig von Mises, einst seine künftige Ehefrau: Er würde zwar immer über Geld schreiben, aber nie viel Geld haben.

Natürlich schließen sich finanzieller und beruflicher Erfolg und Kenntnis der Wiener Schule nicht aus – ganz im Gegenteil gibt es extrem erfolgreiche und vermögende Kenner der Wiener Schule. Dieser Erfolg resultiert aber aus Begabungen und Fertigkeiten, die wiederum nicht direkt aus dem Studium der Wiener Schule folgen – insbesondere wenn dieses Studium ein klassisch akademisches ist. Für Systemtrottel, die ohne Fleiß, Begabung und reale Wertschöpfung Einkommen beziehen wollen, bietet der Hauptstrom bzw. Mainstream da weit größeren »Mehrwert«. Diese Einkommensquellen gehen aber bald zur Neige, darum befindet sich die heute dominante »Volkswirtschaftslehre« in einer Krise. Schlimmer dran ist nur die »Betriebswirtschaftslehre«, die aufgrund des etwas geringeren Abstraktionsgrads und der Vermassung (es gibt millionenfach mehr Betriebe als Volkswirtschaften) auch für Minderintelligente Zertifikate bietet.

# Warum spielt Mathematik in der Wiener Schule eine so geringe Rolle?

Da die Komplexität menschlichen Handelns größte Ungewissheit, Unplanbarkeit und Vielfalt bedeutet, handelt es sich bei der vermeintlichen Mathematik moderner Volkswirtschaftslehre um Pseudowissenschaft. Die Präzision der Zahlenwerte ist völlig illusorisch und irreführend, die Reduktion komplexer Phänomene auf berechenbare Parameter realitätsfern; die Formalisierung vernebelt den Blick und verringert die Allgemeinverständlichkeit.

Tatsächlich entsprechen weite Teile der Wiener Schule eher der Mathematik als moderner Volkswirtschaftslehre. Ludwig von Mises, der für die heute verbleibende »Austrian School« von besonderer Bedeutung ist, versuchte, die Ökonomik als deduktive Praxeologie zu fassen, die streng darauf bedacht ist, keine unrealistischen Prämissen, Annahmen und Verallgemeinerungen auf der Grundlage von Statistiken und Anekdoten einzuführen.

Echte Mathematiker und Naturwissenschaftler empfinden die Wiener Schule in aller Regel als viel intuitiver und realistischer als die Hauptstrom-Ökonomik. Letztere basiert auf schlampiger Mathematik, die etwa mit den Werkzeugen der mathematischen Analysis operiert, ohne die dafür nötigen strengen Voraussetzungen zu erfüllen. Es ist Blendwerk, mit Differentialoperatoren und Kurven zu hantieren, wo im menschlichen Handeln überhaupt keine reale Grundlage dafür gegeben ist. Würde man dieses Blendwerk in Worte übersetzen, würden Aussagen herauskommen wie: 3,5721 zusätzliche Schuhe bieten für einen Menschen, der bereits 8,3541 Schuhe besitzt, 27,0984 Nutzenpunkte mehr, als ein anderer Mensch an Nutzenpunkten einbüßt, dem man 0,1445 Barrel Erdöl von seinem Gesamtbestand von 1,2351 Barrels abzieht. Das ist nicht Mathematik, sondern Zahlenhuberei, die nichts mit der Realität menschlichen Handelns zu tun hat.

Menschen können ihre Präferenzen durch Entscheidungen nur reihen, nicht quantifizieren. Die einzigen Zahlenwerte, die Entscheidungen ausdrücken, sind Preise. Sie drücken allerdings nur vergangene Tauschverhältnisse aus, für Zukunftsprognosen eignen sie sich nicht. Damit sind Preisdaten Elemente der Geschichtsschreibung und dokumentieren wirtschaftliche Verhältnisse zu bestimmten Zeitpunkten. Die ökonomische Theorie hingegen versucht, aktuelle und künftige Preise zu verstehen und zu erklären. Allenfalls beginnt sie also bei Preisen und Daten, spuckt aber keine neuen Daten aus.

Da Menschen keine unbelebten Objekte sind, die durch Ausgangsbedingungen und ihre Umgebung völlig bestimmt sind, sondern handelnde und entscheidende Subjekte, eignen sich die Methoden der Naturwissenschaft nur sehr bedingt zur Analyse sozialer und wirtschaftlicher Phänomene. Naturwissenschaft ist gewiss wichtig, da Menschen natürliche Wesen sind. Doch ihre komplexe Lebendigkeit entzieht sich statischer Analyse. Echte Naturwissenschaftler sind sich der Probleme bei der Modellierung dynamischer Systeme bewusst. Schon drei Körper, die aufeinander Kräfte ausüben, führen zu hochkomplexen Dynamiken. Ökonomik steht nicht nur vor Milliarden-Körper-Problemen, die sich auch der höheren Mathematik entziehen, sondern ist auch noch mit einem komplexen geistigen Innenleben dieser Körper konfrontiert. Menschen lassen sich nur dann als Objekte modellieren, wenn sie sich nicht mehr wie Menschen verhalten: etwa in Paniksituationen und unter Zwang.

Die Wiener Schule entstand in einem Umfeld, in dem die Mathematik und die Naturwissenschaften große Fortschritte machten. Die Vertreter dieser Denktradition waren in den Naturwissenschaften hochgebildet und auf dem letzten Stand, zudem in ständigem Diskurs mit den führenden Denkern der naturwissenschaftlichen Disziplinen. Vielleicht verfielen sie deshalb nicht primitiver Zahlenhuberei. Joseph A. Schumpeter, in der Ökonomik der Wiener Schule geschult, aber von dieser abweichend, sollte paradoxerweise sogar einer der wesentlichen Proponenten der Mathematisierung der Ökonomik in den USA werden. Immerhin setzte er auf die höhere Mathematik dynamischer Systeme, leider beherrschte er sie nicht. Darum sah er die Beschränkungen nicht. Das ist einer der Gründe, warum höhere Mathematikkenntnisse für Denker der Wiener Schule wichtig sind: Sie helfen, erkenntnistheoretische Irrtümer zu vermeiden und nicht pseudowissenschaftlichen Formalisierungen auf den Leim zu gehen. Ohne breite Kenntnisse der Natur- und Formalwissenschaften, insbesondere der Evolutionsbiologie, Psychologie, Statistik und Logik, kann man heute kaum ein guter Ökonom der Wiener Schule sein.

# Was sind die Grundaussagen der Wiener Schule?

Carl Menger beobachtete als Journalist das Börsengeschehen. Dabei fiel ihm auf, dass die bislang dominanten Werttheorien falsch waren. Diese versuchten wirtschaftliche Werte objektiv zu deuten, als Ergebnis der aufgewandten Arbeit bzw. Kosten. Carl Menger begründete die subjektivistische Wertlehre und verband sie mit der Grenznutzentheorie (deren Einführung manchmal als »Marginalistische Revolution« bezeichnet wird). Aufbauend auf diesen Grundlagen entwickelte er eine realistische Wirtschaftstheorie, die methodologisch auf individuellem Handeln beruht. Dies sind die vier Grundlagen des »Wiener« Zugangs zu ökonomischen Phänomenen: Subjektivismus, Marginalismus, Realismus und methodologischer Individualismus.

## Was bedeutet Subjektivismus?

In der Ökonomik hat Subjektivismus eine ganz andere Bedeutung als in der Ethik. Gemeint ist die subjektivistische Wertlehre, die besagt, dass die Bewertungen, die sich im wirtschaftlichen Handeln ausdrücken, durch die handelnden Subjekte erfolgen und nicht durch äußere Faktoren vorbestimmt sind. Menschen haben vielfältige und subjektive Ziele. Zum Erreichen dieser Ziele wählen sie Mittel, deren Tauglichkeit sie subjektiv einschätzen. Reale Menschen können dabei irren, aber auch aus Fehlern lernen. Je nach Wertschätzung der jeweiligen Ziele bewerten wir die zur Zielerreichung gewählten Mittel.

Es sind nicht die Mittel, die über unsere Ziele bestimmen. Perlen sind nicht deshalb wertvoll, weil Menschen nach ihnen tauchen. Die ökonomische Logik ist umgekehrt: Menschen tauchen nach Perlen, weil diese für manche Menschen wertvoll sind. Für diese Wertschätzung kann es unterschiedliche Gründe geben, es gibt aber keine feste Ursache, die immer gleich wirkt. Für manche ist das Tauchen ein Selbstzweck, sie tun es gerne, auch wenn sie dabei keine Perlen finden. Doch im Rahmen der Katallaxie, einer Markt- und Tauschordnung, besteht ein zusätzlicher Grund zu tauchen: die subjektive Wertschätzung anderer Menschen für Perlen, die sie dafür attraktive Gegenangebote stellen lässt. Der Nutzen, den wir von Gütern und Leistungen erwarten, ist in der Regel unabhängig vom Produktionsaufwand. Manchmal schätzen wir auch subjektiv die für uns erbrachte Arbeit als Selbstzweck. Auf einem Markt, wo wir meist mit Fremden zu tun haben, zählen für uns viel mehr die Produktionsergebnisse. Wenn uns eine Speise nicht schmeckt, interessiert uns kaum, wie lange der

Koch daran gerührt hat. Geschmack ist subjektiv, aber nicht beliebig. Bei den allermeisten Dingen können wir vorhersehen, ob sie für Menschen bekömmlich sind oder nicht. Dennoch ist das einzig für Handlungen relevante Geschmacksurteil jenes, das aus den erfahrungsbasierten Erwartungen und Launen des handelnden Subjekts hervorgeht. Diese Subjektivität macht Ökonomik so schwierig: Wir können nicht in die Köpfe der Menschen blicken. Wir haben nur einen Vorteil: Wir können in unseren Kopf blicken. Und aus eigener Erfahrung wissen wir, dass wir nicht nur von außen gesteuerte Objekte sind, sondern als Subjekte unser Handeln steuern.

# Was bedeutet Marginalismus?

Marginalismus nennt man die Perspektive, dass es bei ökonomischen Dynamiken meist um die Grenze oder »Kippe« von etwas geht. Nicht der Gesamtnutzen von Gütern ist für unsere Wertschätzung, die sich in einzelnen Handlungen ausdrückt, relevant, sondern der Grenznutzen – jener Nutzen, den die letzte erhaltene Einheit eines Gutes für uns stiftet. Veränderung spielt sich stets an der »Grenze« bzw. an der »Kippe« ab. Unsere Meinung über ein Gut schlechthin ist ökonomisch irrelevant. Egal, ob wir das Element Wasser hochschätzen oder uns darüber noch nie Gedanken gemacht haben, wird der Grenznutzen eines zusätzlichen Glases Wasser hoch sein, wenn wir durstig sind, und gering sein, wenn wir ausreichend mit Wasser versorgt sind. Die Verbindung von Subjektivismus und Marginalismus erklärt die unterschiedliche Bewertung von Gütern. Wir bilden uns nicht nur unterschiedliche Urteile über die Güter, sondern sie treten auch in unterschiedlichen Entscheidungssituationen auf. Jede Entscheidung ist eine Grenzlinie des Handelns: Wenn wir einen bestimmten Güterbestand haben, entscheiden wir in der Regel über die Gütereinheit, die zuletzt hinzukommt oder jene, die wir zuerst aufgeben. Diese Gütereinheiten sind die Grundlage unserer Bewertung und damit Zahlungsbereitschaft oder Zahlungsforderung in Kaufverhandlungen.

## Was bedeutet Realismus?

Die falschen Wahrheitsansprüche der Vergangenheit brachten viele zum Schluss, es wäre gefährlich, von Wahrheit und Wirklichkeit zu sprechen. Der Subjektivismus der Wiener Schule klingt danach, als würde diese zu einem ähnlichen Schluss gelangen und die Objektivität von Phänomenen oder Urteilen für unmöglich halten. Tatsächlich bedeutet dieser Subjektivismus die Anerkennung der objektiven Realität, dass wirtschaftliche Phänomene auf menschlichen Handlungen, diese Handlungen auf menschlichen Entscheidungen, und diese Entscheidungen auf menschlichen Urteilen beruhen. Wenn es keine von einzelnen Menschen unabhängige Wirklichkeit gäbe, dann wäre Erkenntnis unmöglich und jede Diskussion sinnlos.

Die Welt wirkt zwar auf verschiedene Menschen unterschiedlich, doch sie wirkt, wechselwirkt, und die Menschen wirken in ihrem Handeln wiederum auf die Welt. Menschliches Handeln verändert die Welt – und zwar nicht in beliebiger Weise. Die Wirklichkeit entspricht nicht immer unseren Wünschen und Vorstellungen. Dieser Unterschied zwischen Wunsch und Wirklichkeit motiviert Handeln, der Unterschied zwischen Vorstellung und Wirklichkeit führt zu Fehlern, die wiederum die Spanne zwischen Wunsch und Wirklichkeit größer werden lassen, was uns zum Aufdecken und Korrigieren unser Fehler motiviert.

Realismus ist die Überzeugung, dass es eine reale Welt gibt, die besteht, egal, was wir von ihr denken. Carl Menger sprach von einer »kausal-realistischen« Methode, der Anerkennung, dass in unserer Welt Ursachen Wirkungen haben und Wirkungen Ursachen. Die Wiener Schule ist besonders realistisch, weil sie die Phänomene und Menschen so verstehen will, wie sie sind – unabhängig davon, ob uns gefällt, was wir erkennen oder nicht. Realismus bedeutet in Hinblick auf den Menschen, dessen Vielfalt und Komplexität anzuerkennen und nicht von vereinfachten Modellmenschen auszugehen. Realismus in der Wirtschaft bedeutet, sich nicht von vermeintlich »objektiven« Zahlenwerten blenden zu lassen, sondern die zugrunde liegende Realität subjektiver Erwartungen, Entscheidungen und Wünsche zu erkennen und hinter Preisen die realen Güter, Alternativen und Dynamiken zu sehen.

# Was bedeutet methodologischer Individualismus?

Die Wiener Schule vertritt keinen normativen Individualismus, nicht die politisch-moralische Ansicht, dass die Vereinzelung von Menschen notwendig besser ist als ihr Zusammenwirken. Ganz im Gegenteil wird die soziale und gesellschaftsstiftende Funktion von Wirtschaft hervorgehoben. Doch von der Methodik her empfiehlt die Wiener Schule, auf das Handeln der Individuen zu achten, um wirtschaftliche Phänomene zu verstehen. Menschen bilden zwar Gruppen, doch sich gleich zu verhalten wie andere, ist ebenso individuelle Entscheidung wie das mögliche Abweichen. Preise dokumentieren beispielsweise abgeschlossene Tauschakte zwischen Individuen, die den Wert bestimmter Güter unterschiedlich einschätzen. Ohne diese individuellen Bewertungsunterschiede gäbe es keinen Tausch.

Individualismus ist also die Methode, nicht das Ergebnis ökonomischer Erkenntnis. Um wirtschaftliche Phänomene zu verstehen, untersuchen Ökonomen, was sich die beteiligten Individuen vor ihrem jeweiligen Handeln versprachen, welche Alternativen sich ihnen boten und welche Entscheidungen sie fällen mussten. Wenn Menschen innerhalb von Organisationen oder Unternehmen wirken, mag ihr Handeln einheitlicher werden. Doch jede Organisation ist durch die beteiligten Individuen völlig bestimmt, kein Individuum ist aber völlig und ausnahmslos bestimmt in seinem Handeln durch die Organisationen, denen es angehört. Methodologischer Individualismus schließt Gruppenphänomene, sogar Massenphänomene keinesfalls aus, sondern erklärt diese.

# Was lässt sich Positives über die anderen ökonomischen Schulen sagen?

Der Marxismus öffnete die Augen für materielle Anreize und den Missbrauch der Wissenschaft für Klasseninteressen. Er war eine Weiterentwicklung der klassischen Ökonomik, in der viel Wahres steckte. Er gab den Dynamiken der Zeit eine Stimme, erkannte die Phänomene der Entfremdung und Proletarisierung und trat für systematische ökonomische Theorie ein.

Der Keynesianismus öffnete die Augen für die Schwierigkeit ökonomischer Theorie, die oft mit Paradoxa zu tun hat, die nicht immer dem unmittelbaren Hausverstand einsichtig sind. Er legte Augenmerk auf Friktionen, auf die mangelnde Perfektion und Reibungslosigkeit menschlichen Handelns in Gesellschaft. Keynes selbst erkannte, dass Politik gegen organisierte Interessen kaum etwas bewegen kann, und hatte eine relativ nüchterne Perspektive. An Intelligenz und Anlageerfolg übertraf er die meisten Ökonomen.

Die Neoklassik griff wesentliche Einsichten der Wiener Schule auf und ist in aller Regel durch ökonomisches Grundverständnis gekennzeichnet. Der Versuch der Formalisierung und Modellierung machte theoretische Ökonomik zu einem Feld, das Menschen hoher abstrakter Intelligenz und großer Sorgfalt anzieht. Der Empirismus sammelte eine Datenfülle, die überaus hilfreich sein kann, während der Formalismus neue Simulationsansätze förderte, die auch anderen Disziplinen zugutekommen können.

Eng verwandt mit der Wiener Schule sind die deutsche Institutionenökonomik sowie die Virginia School bzw. Public Choice School. Viele Klassiker waren wichtige Vorläufer, die Marxisten und Keynesianer waren wertvolle Diskussionspartner, deren Widerspruch zu besserem Verständnis und größerer Klarheit führte, mit Monetaristen besteht fast überall analytische Übereinstimmung, außer in der Geldtheorie, und viele Neoklassiker waren und sind Weggefährten der Wiener Schule.

# Wäre es nicht besser, die Stärken aller Schulen zu kombinieren, anstatt eine über alle anderen zu heben?

Wenn die Wiener Schule nur in diesem Sinne Schule wäre, die eifersüchtige Domäne überspezialisierter Beamter oder missionarischer Ideologen, die am Prestige ihrer »Schule« mehr Interesse haben als an der Erkenntnis, dann sollte man in der Tat das Beste herauspicken und den Rest dem Altpapierhaufen der Geschichte überlassen. Doch Wiener Schule, so wie ich sie verstehe – und ich gebe zu, dass die Bezeichnung irreführend ist, und ich hänge nicht sehr an ihr –, sollte zugleich mehr und weniger sein als das: weniger, denn sie ist nur nach einer Epoche, einer Strömung, einer Fachrichtung benannt – mehr, denn sie stand und steht symbolhaft für den Zugang, der über den Eifersüchteleien von »Schulen« steht. Es gibt keine »Wiener«, keine »deutsche«, keine »christliche«, keine »islamische«, keine »keynesianische«, keine »misesanische« Ökonomik. Es gibt nur gute Ökonomik oder schlechte Ökonomik. Und man kann alle Werke der Wiener Schule gelesen haben und doch ein schlechter Ökonom sein. Wenn man nur diese Werke gelesen hat, dann ist man es wahrscheinlich. Wenn man keines dieser Werke gelesen hat, dann ganz bestimmt.

# Wert

# Was ist Nutzen?

Der Begriff »Nutzen« ist die deutsche Entsprechung des englischen *utility*. Dieses Konzept erhielt durch die Denktradition des Utilitarismus besonderes Gewicht in der Ökonomik, wurde dabei aber überdehnt. Der Utilitarismus geht davon aus, dass sich der Nutzen oder Schaden von Handlungen zwischen Menschen vergleichen lässt, und postuliert die gesamtgesellschaftliche Nutzenmaximierung als moralisches Gebot. Die Wiener Schule zeigt einen deutlich anderen Zugang: Nutzen ist der subjektiv abgeschätzte Beitrag von Gütern zur Erreichung unserer Ziele. Dieser Nutzen ist weder quantifizierbar noch vergleichbar. Wir können schon kaum abschätzen, um wie viel nützlicher ein Gut für uns im Vergleich zu einem anderen ist. Völlig ausgeschlossen ist es, den von uns geschätzten Nutzen in Vergleich zu den Nutzenerwartungen anderer Menschen zu stellen. Die utilitaristischen Rechenspiele, die das Leid weniger Menschen durch das Wohlergehen von vielen legitimieren, sind zynisch und begünstigen totalitäre Systeme.

Dass ein Gut nützlich ist, bedeutet noch nicht, dass es (im ökonomischen Sinne) wertvoll ist. Erst wenn dieses Gut knapp in dem Sinne ist, dass es zum Gegenstand von realen Entscheidungen wird, in denen wir für dieses Gut etwas aufgeben müssen und wollen, ist es nicht nur nützlich, sondern auch wertvoll. Sonnenschein etwa ist nützlich, aber in aller Regel nicht (ökonomisch) wertvoll, das heißt, wir beobachten kein damit verbundenes Tauschen und Haushalten – die ökonomischen Grundphänomene. Realistische Ökonomik konzentriert sich allein auf das real beobachtbare Handeln, nicht auf Meinungen. Den Nutzen von Dingen und Handlungen zeigen Menschen durch ihr Handeln, durch die Wahl bestimmter Mittel für bestimmte Ziele. *Nützlich* ist in der Wiener Schule ein Synonym für *Gut*.

# Ist höherer Nutzen immer besser als niedrigerer Nutzen?

Aus der Sicht des Akteurs bei einer hinreichend breiten Definition des Konzepts: ja. Ziele implizieren, dass der Akteur wünscht, sie zu erreichen. Nutzen ist der Beitrag zur Zielerreichung. Je höher die Ziele und je größer der Beitrag zur Zielerreichung, desto höher der Nutzen eines Gutes. Ist das »besser« in der Frage jedoch ethisch gemeint, so kann der Ökonom nur sagen: Die Mittel können nicht besser sein als die Ziele, denen sie dienen.

# Was ist ein Gut?

Eine Sache oder Leistung muss drei Voraussetzungen erfüllen, damit Menschen in ihrem Handeln die (subjektive) Nützlichkeit dieser Sache oder Leistung deutlich werden lassen:

1. Mindestens ein Mensch hat ein unerreichtes Ziel.

2. Dieser Mensch hat den Eindruck oder wurde davon überzeugt, dass die betrachtete Sache oder Leistung ein taugliches Mittel zur Erreichung dieses Ziels sein könnte.

3. Diese Sache oder Leistung ist auch verfügbar oder beschaffbar.

Eine solche Sache oder Leistung wird als Gut bezeichnet, die Leistung auch als Dienstleistung. Güter, die Gegenstand des Tauschens und Haushaltens sind, sind knapp. Solche Güter werden auch als wirtschaftliche Güter bezeichnet.

# Sind alle Güter ökonomisch vergleichbar?

Der ökonomische Begriff »Gut« ist wiederum nicht mit dem ethischen oder theologischen Begriff zu verwechseln. Ersterer bezieht sich allein auf das konkrete und reale Handeln der Menschen, wie sie sind, nicht auf Vorstellungen davon, wie sie sein sollten. Wirtschaftliche Güter dienen entweder direkt als Mittel menschlichen Zielen, etwa als Nahrungsmittel, oder indirekt, indem sie Güter hervorbringen helfen, die diesen Zielen dienen. Erstere Güter nennt man Güter erster Ordnung oder Konsumgüter. Kapitalgüter sind solche, die nicht direkt menschlichen Zielen dienen, man nennt sie auch Güter höherer Ordnung. Diese Benennung geht auf Carl Menger zurück, der den grundlegenden Unterschied zwischen Kapital- und Konsumgütern erkannte. Jedes Wirtschaften bedeutet die Umwandlung von Gütern höherer Ordnung in Güter niedrigerer Ordnung, das heißt von Gütern, die weiter weg vom Konsum – der direkten Befriedigung menschlicher Ziele – sind, in konsumnähere Güter.

# Was ist Knappheit?

Knappheit ist eine Grundtatsache des Wirtschaftens. Die klassische Interpretation der meisten Ökonomen sieht die Knappheit der Güter darin begründet, dass menschliche Bedürfnisse unbeschränkt, die irdischen Ressourcen jedoch beschränkt seien. Diese Annahme geht zu weit, denn nicht alle Menschen haben unbeschränkte oder gar stetig wachsende Bedürfnisse. Die Perspektive der Wiener Schule auf die Knappheit ist eine andere: Knappheit ist die Folge der realen Struktur der Welt. Der Realismus der Wiener Schule sieht die Welt nicht als subjektiv beliebig, sondern als objektiv strukturiert an: Raum und Zeit bilden ein reales Koordinatensystem, an das sich Menschen bei ihrem Handeln halten müssen, um ihre Ziele zu erreichen. Die Struktur der Welt verbietet uns, gleichzeitig an zwei verschiedenen Orten zu sein. Daher müssen wir uns stets entscheiden: Wir können nicht alles gleichzeitig haben. Wir müssen unsere Wünsche und Ziele in eine Reihenfolge bringen und stets in Alternativen denken. Eine Entscheidung für ein Gut bringt meist eine Entscheidung gegen ein anderes mit sich. Diese Art von Knappheit kann durch keine Technologie, Institution oder Wirtschaftsordnung aufgehoben werden.

## Was sind Präferenzen?

Die Folge der Knappheit in diesem Sinne ist, dass jede Handlung eine Wahl bzw. Entscheidung darstellt. Ent-scheiden bedeutet, Alternativen auszuscheiden. Jede Handlung stellt eine Art Tausch dar (englisch: *trade-off*). Wenn wir uns von einem Ort A zu einem Ort B bewegen, tauschen wir die Position A gegen die Position B, denn wir können nicht zugleich an A und B sein. Um die Position B zu erreichen, müssen wir die Position A aufgeben. Wollen wir diese nicht aufgeben, können wir die neue Position nicht erreichen. Jede Handlung deckt auf, dass wir die dadurch geschaffene neue Lage der vorherigen *vorziehen*. Man spricht in der Ökonomik von einer Präferenz. Wir präferieren bestimmte Ziele gegenüber anderen und infolgedessen bestimmte Mittel gegenüber anderen. So entsteht eine Präferenzordnung. Das bedeutet, dass wir für eine Handlung unsere Ziele und die zur Verfügung stehenden Mittel ordnen müssen.

# Sind unsere Präferenzen festgelegt?

Zunächst ist es eine wichtige Beobachtung, dass Präferenzen nicht konstant sind. Einerseits sind sie historisch und kulturell bedingt. So zeigten hinsichtlich Abgasen die Präferenzen am Anfang des 20. Jahrhunderts noch teilweise das glatte Gegenteil heutiger Präferenzen. Die Ansicht war vorherrschend, dass Rauch die Luft von Keimen befreite. So kam es auch vor, dass man einst zur Luftfrische nicht ins Hochgebirge, sondern zum Hochofen fuhr.

Andererseits sind Präferenzen stark vom Kontext abhängig. Dies ist ein Ausdruck der Vielfalt der Welt, die in der Regel stark unterschätzt wird, insbesondere auch von heute populären ökonomischen Schulen. Ein Beispiel: Teilt man Menschen mit, dass auf einer Deponie in ihrer unmittelbaren Nachbarschaft eine kleine Menge radioaktiven Materials gelagert werde, erntet man heute durchgehende Ablehnung. Irgendwo müsse es wohl gelagert werden, aber bloß nicht in meiner Nachbarschaft – diese Einstellung wird auf Englisch als NIMBY (*Not in my backyard!* – Nicht in meinem Hinterhof!) bezeichnet. Wie lässt sich diese Ablehnung reduzieren oder gar in Zustimmung wenden? Eine besondere Versiegelung des Materials und außergewöhnliche Schutzmaßnahmen bewirken hier oft das Gegenteil: Dies erscheint als Eingeständnis der besonderen Gefährlichkeit und vermag die Ablehnung noch zu erhöhen. Paradoxerweise bietet sich Folgendes an: Man entnehme das radioaktive Material aus seinem Behältnis, fülle es in eine Spritze, ziehe sich einen weißen Kittel an und schlage vor, das Material einem Patienten als Tracer zur besseren Diagnose zu injizieren. Dieselben Leute, die sich gegenüber einer Lagerung widerständig zeigten, würden in der Regel eine Injektion akzeptieren – das Material ist exakt dasselbe, bloß der Kontext hat sich dramatisch geändert.

## Wie kann man Präferenzen erkennen?

Präferenzen lassen sich objektiv nur im Handeln erkennen. Eine erste wichtige Erkenntnis der Ökonomik ist der überraschend starke Unterschied zwischen geäußerten und demonstrierten Präferenzen. »Geäußerte« Präferenzen entsprechen unseren Aussagen über unser Handeln, unseren mitgeteilten Absichten und Intentionen. Tatsächlich demonstriert werden Präferenzen jedoch erst im Handeln selbst. Unsere Präferenzordnung ist schließlich nicht für Außenstehende erkennbar. Eine mögliche Präferenzordnung des Lesers wäre:

1. Faul in der Sonne liegen.
2. Fernsehen.
3. Mit Freunden ein Bier trinken.
4. Dieses Buch lesen.

Der Leser mag diese Präferenzordnung äußern, doch es ist unmittelbar einsichtig, dass diese Äußerung nur eine psychologische Tatsache, jedoch keine ökonomische Tatsache ist. Tatsächlich widerspräche eine solche Äußerung nämlich dem Handeln der Person. Dies wird als performativer Widerspruch bezeichnet. Wer diese Passage liest, drückt damit eine Präferenz aus und schafft eine ökonomische Tatsache. Dass der Leser »lieber etwas anderes täte«, ist allenfalls psychologisch relevant.

Da wir nicht in die Köpfe der Menschen blicken können, vermeiden Ökonomen Spekulationen über verdrängte Wünsche und konzentrieren sich auf tatsächlich beobachtbare Handlungen. Präferenz im ökonomischen Sinn meint daher immer: Ausdruck eines Werturteils durch eine Handlung. Eine Handlung zu setzen heißt, sie anderen Alternativen vorzuziehen – allerdings stets bei denselben Rahmenbedingungen. In der Wissenschaft wird der Ausdruck *ceteris paribus* (lateinisch für »sofern das Übrige gleich bleibt«) verwendet, wenn in Gedanken nur ein Element variiert und die anderen konstant gehalten werden. »Geld oder Leben« ist ethisch betrachtet kein Angebot einer Wahlmöglichkeit. Die Herausgabe des Geldes ist jedoch die Aufdeckung der objektiven ökonomischen Tatsache einer subjektiven Präferenz des Lebens über das mitgeführte Geld angesichts der unangenehmen Bedingung eines Überfalls.

# Was ist Wert?

Das Wort »Wert« kommt von einer alten Sprachwurzel, die »hinwenden« bedeutet. Die Ökonomik verwendet den Begriff etwas anders als der übliche Sprachgebrauch und die übrige Philosophie. Carl Menger definierte Wert im ökonomischen Sinne als »die Bedeutung, welche konkrete Güter oder Güterquantitäten für uns dadurch erlangen, dass wir in der Befriedigung unserer Bedürfnisse von der Verfügung über dieselben abhängig zu sein uns bewusst sind«. Wert ist also jener Nutzen, der in konkreten und knappen Gütereinheiten handlungswirksam wird. Er bezeichnet ein Verhältnis oder eine Beziehung – die Beziehung zwischen der realen Welt und dem subjektiv motivierten Handeln der Menschen. Der Wert ist, wie Menger schreibt, »nichts den Gütern Anhaftendes, keine Eigenschaft derselben, ebenso wenig aber auch ein selbstständiges, für sich bestehendes Ding«. Demnach ist der ökonomische Wert auch nicht messbar und quantifizierbar. Wert ist etwas anderes als Preis – hinter Preisen stehen Werte, hinter Werten aber nicht notwendigerweise Preise.

Ökonomische Werte sind nicht bloß subjektive Überzeugungen, sondern werden eben an der Schnittstelle zwischen subjektiven Motiven und objektiven Gegebenheiten und Beschränkungen sichtbar. Es handelt sich also nicht um Prinzipien oder Meinungen, sondern um den sichtbaren Ausdruck der relativen Knappheit der Mittel in Hinblick auf die unsichtbaren Ziele der Menschen. Wenn etwas ökonomisch »wertvoll« ist, so stellt dies noch keine normative Aussage über die Sache oder Leistung dar. Auch hässliche, unmoralische, absurde und nicht funktionierende Dinge können ökonomisch wertvoll sein. In diesem Sinne ist die Ökonomik »wertneutral«. Sie will das Handeln der Menschen zuerst verstehen, bevor sie es der normativen Beurteilung überlässt. Ökonomik ist allerdings nicht beliebig und moralische Werturteile sind zulässig; nicht alles, was Menschen in ihrem Handeln als ökonomisch wertvoll erscheinen lassen, ist damit auch legitim, sinnvoll, gut und empfehlenswert.

# Was ist Grenznutzen?

Der Grenznutzen ist der Nutzen der relevanten Gütermenge, die für das Handeln entscheidend ist. Meistens ist dies jene Gütermenge, die als letzte Teilmenge zu einem Güterbestand hinzukommt oder als erste Teilmenge von einem Güterbestand aufgegeben wird. Ein Bauer, der sechs Säcke Weizen geerntet hat, wird anhand des erwarteten Nutzens des letzten Sackes entscheiden: Wenn er einen aufgibt, dann den sechsten, das heißt den für ihn sechstwertvollsten. Da wir unsere Ziele und die verfügbaren Mittel reihen müssen, ziehen wir wichtigere Ziele weniger wichtigen vor. Zudem erreichen wir ein Ziel lieber teilweise als gar nicht. Je mehr uns von einem Gut zur Verfügung steht, desto weiter kommen wir dabei, unser Ziel zu erreichen. Der Bauer aus unserem Beispiel wird die geerntete Weizenmenge für die wichtigsten Ziele einsetzen. Je mehr Weizen er hat, desto geringer ist die Bedeutung der zuletzt hinzugekommenen Menge für ihn. Hat er noch gar keinen Weizen, ist die Bedeutung des ersten Sackes Weizen sehr hoch, entscheidet sie doch zwischen Leben und Hungertod. Ist dieses höchste Ziel der Ernährung erreicht, kann er den Weizen für weniger wichtige Ziele einsetzen. Mit zunehmender Weizenmenge sinkt also der Grenznutzen der jeweils zuletzt hinzugekommenen Teilmenge.

Dies ist ein allgemeines ökonomisches Gesetz – das Gesetz des abnehmenden Grenznutzens. Je mehr Weizen der Bauer hat, desto geringer ist der Nutzen des in seiner Handlungsreihenfolge letzten »Grenzweizens«. Der Grenznutzen entspricht also dem Nutzen jener Gütereinheit, mit der das am geringsten bewertete, gerade noch erreichbare Ziel (bzw. Teilziel) erreicht werden kann. Dieses Ziel könnte im Falle des

Bauern, der genug für sein tägliches Brot geerntet hat, das Sicherheitsgefühl durch Vorsorge mittels Lagerhaltung oder die Belustigung durch Alkohol mittels Vergärung sein. Wenn er vor der Entscheidung steht, ein anderes Gut im Tausch für Weizen zu beziehen, wird er den erwarteten Grenznutzengewinn durch dieses Gut gegen den Grenznutzenverlust geringerer Lagerhaltung oder Bierfässer abwägen. Obwohl sein Weizen also für ihn lebensnotwendig sein mag, ist er bereit zu tauschen – wenn der Grenznutzen der ersten zu erwerbenden Menge neuer Güter höher ist, er also wichtigere Ziele mit diesen erreichen kann. Der Gesamtnutzen allen Weizens ist für sein Handeln nicht relevant, nur der Grenznutzen der in einer konkreten Tauschsituation aufzugebenden Weizeneinheiten.

Neben dem Gesetz des abnehmenden Grenznutzens gilt das Gesetz des zunehmenden Gesamtnutzens. Dieses besagt, dass der Grenznutzen von Gütern zwar mit der Menge abnimmt, aber niemals null oder negativ wird – abgesehen von entstehenden Kosten, etwa Lagerkosten, und der subjektiven Änderung des Gutes aufgrund einer anderen relevanten Einheit. So ist ein einzelner Apfel für die meisten Menschen ein anderes Gut als der Apfel, der sich in einem Container befindet und nur en gros bezogen werden kann.

# Was sind Kosten?

Jede Handlung bringt den Verzicht auf alternative Handlungsmöglichkeiten mit sich. Anders formuliert: Jede Handlung bringt Kosten mit sich. Diese Kosten werden in der Ökonomik Opportunitätskosten genannt – es sind die Kosten, auf Opportunitäten zu verzichten, indem man sich für eine Handlung entscheidet. Opportunitäten sind Alternativen, die einem ebenfalls opportun wären, was von lateinisch *opportunus* (»günstig«) kommt.

Die Opportunitätskosten jeder Handlung bestehen also in den aufgegebenen Alternativen. Zur Bewertung zieht man dabei die nächsthöhere Präferenz heran. In einer Präferenzordnung bestehen die Opportunitätskosten der Handlung, das Erstgereihte durchzuführen, im Verzicht auf die Alternative an zweiter Stelle.

Das Problem ist, dass diese Kosten nicht unmittelbar sichtbar sind, da es sich um nicht real ausgeführte Präferenzen handelt. Dies ist der Grund, warum Opportunitätskosten oft übersehen oder falsch eingeschätzt werden. Alternativen erscheinen kostenlos, sind aber in Wirklichkeit sehr teuer – auch wenn kein Geld dafür den Besitzer wechselt –, weil sie die Aufgabe von Alternativen bedeuten, die eigentlich vorgezogen würden, wenn man sie nicht übersehen hätte. Kosten können aber auch überschätzt werden und das Handeln erschweren. Wer unfähig ist, auf Alternativen zu verzichten, kann keine Entscheidungen fällen.

Kosten, die in der Vergangenheit angefallen sind, nennt man *sunk costs*, versunkene Kosten. Sie sind »versunken«, weil die

Entscheidung bereits gefallen ist und die Kosten nicht rückgängig gemacht werden können. Man kann nur hoffen, dass der gewählte Weg die Kosten wert war. Die Schwierigkeit, sich von vergangenen Kosten zu lösen, quält viele Menschen. Auf Englisch gibt man hierfür den Rat: *Don't cry over spilt milk* – Vergieße keine Tränen über vergossene Milch!

Opportunitätskosten, die aus niemals realisierten Alternativen bestehen, werden häufig übersehen. Dies ist umso schwerwiegender bei Kosten, die erst in Zukunft anfallen würden. Ein Irrtum, der bis heute überlebt hat und regelmäßig in Zeitungsartikeln und Politikerreden wiederkehrt, ist jener Irrtum, den man auf Englisch *broken window fallacy* nennt: den Irrtum vom zerbrochenen Fenster.

# Was ist der Irrtum vom zerbrochenen Fenster?

Der französische Ökonom Frédéric Bastiat, ein wichtiger Vorläufer der Wiener Schule, skizzierte diesen Irrtum im 19. Jahrhundert in einem humorvollen Text. Er schrieb (Übersetzung von Marianne Diem):

> Konnten Sie je die Wut des braven Bürgers Hans Biedermann beobachten, nachdem es sein missratener Sohn fertig gebracht hat, eine Scheibe zu zerschlagen? Wenn Sie bei diesem Schauspiel anwesend waren, haben Sie sicherlich auch bemerkt, dass alle Anwesenden – wie viele es auch seien – wie auf Verabredung dem unglücklichen Eigentümer diesen gleichen Trost schenken: »Unglück ist zu etwas nutze. Solche Unfälle geben der Industrie ihr Auskommen. Alle Welt muss leben. Was würde aus den Glasern, wenn man niemals Scheiben zerschlüge?«
>
> Nun, es gibt zu dieser Trostformel eine ganze Theorie. Es ist gut, sie hier in diesem einfachen Fall *in flagrante delicto* zu ertappen. Wohlbemerkt ist dies gerade diejenige, welche unglücklicherweise an den meisten unserer Hochschulen gelehrt wird.
>
> Angenommen, Hans Biedermann muss sechs Francs ausgeben, um den Schaden zu beheben. Wenn man dann sagen will, dass der Unfall der Glasindustrie sechs Francs zukommen lasse, dass er in Höhe von sechs Francs die genannte Industrie fördert, stimme ich zu. Ich streite es in keiner Weise ab, man argumentiert richtig. Der Glaser wird kommen, er wird sich darum kümmern, sechs Francs erhalten, sich die Hände reiben und das missratene Kind von Herzen segnen. *Dies ist, was man sieht.*

Aber wenn man so ableitet – wie man es allzu häufig tut –, dass es gut ist, Scheiben zu zerschlagen, dass dadurch Geld in Umlauf gebracht und die Industrie im Allgemeinen gefördert wird, sehe ich mich gezwungen aufzuschreien: Halt! Ihre Theorie bleibt bei dem stehen, *was man sieht,* sie berücksichtigt nicht, *was man nicht sieht.*

*Man sieht nicht,* dass unser Bürger, weil er sechs Francs für eine Sache ausgegeben hat, sie nicht mehr für eine andere ausgeben kann. *Man sieht nicht,* dass er, hätte er nicht die Scheibe reparieren müssen, zum Beispiel seine abgelaufenen Schuhe ersetzt oder ein Buch mehr in seine Bibliothek gestellt hätte. Kurz, er hätte mit diesen sechs Francs irgendetwas gemacht, was er nun nicht macht.

Berücksichtigen wir also die Industrie *im Ganzen.*

Durch die zerbrochene Scheibe wird die Glasindustrie in Höhe von sechs Francs gefördert; dies ist, *was man sieht.* Wäre die Scheibe nicht zerbrochen, wäre die Schuhindustrie (oder eine andere) in Höhe von sechs Francs gefördert worden. *Dies ist, was man nicht sieht.*

Und wenn man, *was man nicht sieht,* weil es eine negative Tatsache ist, ebenso in Betracht zöge, wie das, was man sieht, weil es eine positive Tatsache ist, würde man verstehen, dass es der Industrie *im Ganzen* oder die Gesamtheit der *nationalen Arbeit* egal ist, ob Scheiben zerbrechen oder nicht.

Stellen wir jetzt die Rechnung von Hans Biedermann auf.

> Im ersten Fall, dem der zerbrochenen Scheibe, gibt er sechs Francs aus und hat nicht mehr und nicht weniger als vorher, den Nutzen einer Scheibe. Im zweiten Fall, in dem der Unfall nicht passiert wäre, hätte er sechs Francs für Schuhzeug ausgegeben und hätte den Nutzen eines Paars Schuhe und einer Scheibe zugleich.
>
> Nun, da Hans Biedermann Teil der Gesellschaft ist, muss man schließen, dass die Gesellschaft im Ganzen [...] den Wert der zerbrochenen Scheibe verloren hat. Wodurch wir verallgemeinernd zu dem unerwarteten Schluss kommen: Die Gesellschaft verliert den Wert unnütz zerstörter Güter, sowie zu dem Lehrsatz, der den Protektionisten schwer im Magen liegen wird: Zerschlagen, zerbrechen und zerstören heißt nicht, die nationale Arbeit fördern, oder kürzer: Zerstörung ist kein Gewinn. [...]
>
> Der Leser sollte sich wohl bewusst sein, dass nicht mehr nur zwei Personen, sondern drei in dem kleinen Drama mitspielen, das ich seiner Aufmerksamkeit anheimgestellt habe. Der eine, Hans Biedermann, repräsentiert den Verbraucher, der durch Zerstörung nur ein Gut anstelle von zweien nutzen kann. Der andere, in der Person des Glasers, zeigt uns den Produzenten, dessen Industrie vom Unfall gefördert wird. Der dritte ist der Schuster (oder irgendeine andere Industrie), dessen Arbeit aus demselben Grund ebenso viel verliert. Diese dritte Person hält man beständig im Schatten; sie personifiziert, was man nicht sieht, und ist ein notwendiger Teil des Problems. Sie ist es, die uns verstehen lässt, wie absurd es ist, einen Gewinn in einer Zerstörung zu sehen. [...]

Bis heute dominiert diese falsche Perspektive das Denken, die jene dritte Personengruppe, die man nicht sieht, stets zugunsten sichtbarer und hörbarer Interessengruppen ignoriert. Diese Ignoranz steht hinter den meisten volkswirtschaftlichen Nutzenrechnungen, die Staatsausgaben durch einen »Multiplikatoreffekt« rationalisieren.

# Handel und Märkte

# Warum tauschen Menschen?

Menschen sind vielfältig und unterscheiden sich in ihren Präferenzen, Fähigkeiten und Güterbeständen. Selbst wenn alle Menschen gleich wären, würde das Gesetz des abnehmenden Grenznutzens zu unterschiedlicher Bewertung der Güter führen. Es sind diese Bewertungsunterschiede, die erklären, warum Menschen miteinander freiwillig tauschen. Ein Tausch findet dann statt, wenn sich zwei Menschen mit gegenläufigen Präferenzreihungen treffen.

Es ist ein alter Irrtum, dass bei einem Tausch Wertgleiches getauscht wird oder werden sollte. Bei völliger Wertgleichheit gäbe es keinen Tausch, abgesehen vom gelegentlichen, spielerischen Hin- und Hertauschen aus Neugier. Wenn jemand einen Apfel gegen eine Birne tauscht, bedeutet dies, dass drei Bedingungen erfüllt wurden: Erstens, er zieht die marginale Birne gegenüber dem marginalen Apfel vor (nicht notwendig im Allgemeinen Birnen gegenüber Äpfeln). Zweitens, er ist auf jemanden getroffen, dessen Präferenzen genau umgekehrt gereiht sind. Drittens, er verfügt über ein Gut, das der andere vorzieht, und der andere verfügt über ein Gut, das Ersterer vorzieht. Meistens kommt die marginale Präferenz daher, dass die Güterausstattungen unterschiedlich sind: Die erste Person hätte einen Apfelbaum, daher entspräche der marginale Apfel aus der reichlichen Ernte einer niedrigeren Präferenz als die marginale Birne, welche die allererste mangels eigenen Birnbaums wäre (nichts davon ist notwendigerweise so, sondern nur Beispiel).

# Wer profitiert am meisten beim Tausch, wer verliert?

Menschen tauschen nur dann freiwillig, wenn sie eine veränderte Güterverteilung erwarten, die ihren Präferenzen eher entspricht. Sie können sich dabei täuschen und den Tausch im Nachhinein bedauern. In der Regel, aufgrund der durch den abnehmenden Grenznutzen verstärkten Vielfalt, finden die meisten Tauschpartner größeren Nutzen. Tausch ist dadurch wertstiftend und damit wohlstandsmehrend, dass die Bewertungsunterschiede positive Wertdifferenzen schaffen. Dieser Wert des Handels wurde und wird oft übersehen, weil er unsichtbar ist und sich nicht in einer physikalischen Änderung der Güter zeigt. Erst die subjektivistische Perspektive macht die Werterhöhung durch Tausch sichtbar.

Doch auch in anderer Weise mehrt Tausch den Wohlstand: Erst Handel erweitert die Arbeitsteilung auf eine gesellschaftliche Dimension. So sind wir auch indirekt Nutznießer gesteigerten Tausches, denn dieser ist ein Hinweis auf zunehmende Arbeitsteilung, dadurch Spezialisierung und Kapitalbildung – was mehr, bessere und günstigere Produkte bedeutet. Bei einem einzelnen Tauschakt lässt sich von außen nicht das Ausmaß der jeweiligen Wertdifferenz bestimmen – wir können nicht sagen, wer »mehr profitiert«. Wir können nur sagen, dass beide erwarten, sich besserzustellen. Freiwilliger Tausch ermöglicht daher eine Win-win-Situation, keine Seite verliert. Natürlich kann man sich täuschen und auch getäuscht werden, aber der große Vorzug des freiwilligen Tausches ist, dass es sich stets um Angebote handelt, die man ablehnen kann. Gewiss sind die Tauschpartner manchmal sehr unterschiedlich. Menschen in bitterer Armut wollen Produkte von vermögenden Weltkonzernen ertauschen. Doch durch Wegfall dieser Angebote wäre den Ärmsten nicht geholfen – solange beide Seiten aus freien Stücken die gebotenen Konditionen ablehnen können. An zu viel Handel ist noch niemand verarmt, nur an zu wenig.

# Wenn man in allem benachteiligt ist, nutzt Tausch dann noch?

Beim Tausch geht es nicht um den absoluten Vorteil einer Seite, sondern den komparativen Vorteil, der erst im Tausch nutzbar wird. Dieses Gesetz des komparativen Vorteils, wie es die Ökonomen nennen, ist die wesentliche Grundlage der Gesellschaftsbildung, deshalb wurde es auch Vergesellschaftungsgesetz genannt. Selbst wenn eine Person bei jeder produktiven Tätigkeit jeder anderen Person überlegen wäre, würde Tausch dieser Person Spezialisierung und damit höheren Ertrag ermöglichen. Wesentlich für Produktionsentscheidungen sind die Opportunitätskosten. Selbst eine Person, die in allem benachteiligt ist und nichts am allerbesten produzieren kann, kann unter geringeren Opportunitätskosten produzieren als die absolut Produktiveren. Somit ist diese Person komparativ produktiver und stiftet Wert für andere Menschen und damit letztlich für sich selbst. Die Opportunitätskosten sind unsichtbar, darum ist diese Einsicht für viele verborgen. Arbeitsteilung bedeutet, dass wir nicht alles selbst machen, auch und gerade der Talentierteste und Tüchtigste nicht. Darum ist nicht entscheidend, ob dieser in allen Bereichen talentierter und tüchtiger ist, sondern nur, ob er den Bereich auswählt, der den größten Wert für andere Menschen stiftet. Um sich darauf zu konzentrieren, benötigt er die Mithilfe unzähliger anderer Menschen – auch wenn sie weniger Talent und Fleiß aufweisen sollten. Da viel Produktivität aber aus Übung und Erfahrung kommt, werden nach und nach viele komparative Vorteile sogar zu absoluten.

# Was ist der Markt?

Der Begriff Markt ist abgeleitet von lateinisch *mercatus* und verwandt mit dem Wort *merx* für die Ware, das Gut – allerdings auch im Sinne einer Gnade, die zu Dank verpflichtet. Derselbe Stamm liegt französisch *merci* und englisch *mercy* zugrunde. Es sind dankenswerte Gegenleistungen, welche die strenge Reziprozität von Märkten ausmachen. Je mehr wir uns auf diese Reziprozität einlassen, desto größer die Arbeitsteilung und damit die wechselseitige Abhängigkeit. Wenn wir gastfreundschaftlich verkehren und uns ein Glas gegen den Durst gereicht wird, würden wir jede Geldforderung bei der Verabschiedung als unverschämt empfinden. Im Fremdenverkehr aber müssen wir fast überall zahlen. Es ist sehr unwahrscheinlich, Menschen, die wir als Tauschpartner treffen, in einer Situation wiederzusehen und wiederzuerkennen, in der wir ihnen einen Gefallen erweisen können. Darum reicht die lose Reziprozität der Gastfreundschaft unter Fremden nicht aus. Zum Tausch ist strenge und unmittelbare Reziprozität nötig. Wollen wir einen Gefallen, müssen wir einen gewissen und unmittelbaren Gegengefallen leisten. Darum sagte man auf Latein *mercedem solvere* für bezahlen: Das Gut – die Dankbarkeit – muss ausgelöst werden.

Dank des Gesetzes vom abnehmenden Grenznutzen unterscheidet sich die Bewertung von Gefallen und Gegengefallen gerade genug, um den Tausch auch unter Fremden zu einer für beide Seiten vorteilhaften Angelegenheit zu machen. Diese Reziprozität der Märkte fördert die Arbeitsteilung. Das bedeutet aber auch, dass wir mit steigendem Wohlstand dank steigender Arbeitsteilung in steigendem Maße von anonymen Fremden abhängig werden. Psychisch verstärken die

Fremdheit und die Anonymität das unangenehme Gefühl der Abhängigkeit, ökonomisch mildern sie aber deren Folge: Wir sind dank Märkten eben selten von konkreten Einzelnen abhängig, sondern von einem anonymen Netzwerk, in dem die meisten Anbieter und Nachfrager ausgetauscht werden können, ohne dass es uns besonders schmerzen würde.

Gewiss sinkt mit der Arbeitsteilung die Fähigkeit zur Autarkie und steigt damit die Abhängigkeit von Fremden. Die damit wachsende Angst steht wohl hinter dem Begriff der »Entfremdung«. Diese ist eine notwendige Folge höherer Arbeitsteilung. Es ist nicht völlig gewiss, dass dieser Weg steigender Entfremdung immer für jeden der beste ist. Doch er wurde den Menschen nicht aufgezwungen. Entfremdung ist der »Trade-off« steigenden Wohlstands – und diese Wohlstandssteigerung wird gemeinhin unterschätzt. Tatsächlich wurden 97 Prozent des gesamten materiellen Wohlstands in den letzten 0,01 Prozent der Menschheitsgeschichte geschaffen, in jener kurzen Phase globaler Arbeitsteilung. Markt bezeichnet diesen Prozess reziproker Arbeitsteilung, durch den sich fremde Menschen beim Tausch von Mitteln treffen können, ohne notwendigerweise auch die Ziele zu teilen.

# Was unterscheidet den Handel zwischen Nationen vom Tausch zwischen Individuen?

Die meisten heutigen Ökonomen sind es gewohnt, nur noch in den großen, pauschalen Dimensionen von Nationen oder fiktiven Sammelgrößen wie »die Nachfrage« oder »die Produzenten« zu denken. Dieses Denken beeinflusst die Realität stärker, als es selbst von der Realität beeinflusst ist. Denn in der Realität macht es keinen ökonomischen Unterschied, ob zwischen zwei tauschenden Nachbarn eine Linie auf der Landkarte verläuft oder nicht.

Die Fehlannahmen der merkantilistischen Ökonomik haben allerdings die Politik dazu geführt, Nationen als Großbetriebe zu betrachten. Und der Tausch zwischen einem Insassen dieses staatlichen Großbetriebs und einem Außenstehenden wird, ohne Zustimmung der Betriebsleitung, als Diebstahl interpretiert. Daher all die politischen Komplikationen, die den großen Unterschied zwischen internationalem Handel und interpersonellem Tausch ausmachen. Genährt ist die politische Unterscheidung vielfach noch durch die Gleichsetzung von Nation und familiärer Gemeinschaft. Wer einem Kind Bonbons anbietet, auch wenn die Annahme freiwillig ist, sollte die Eltern um Erlaubnis bitten. Denn Tauschangebote können durch ihre Attraktivität Unmündige zu schädlichen Entscheidungen verleiten. Wenn die Untertanen einer Nation Unmündige wären, im Gegensatz zu ihren Politikern, die dann als deren mündige Erziehungsberechtigte gälten, dann gäbe es eine solche moralische Unterscheidung zwischen internationalem und interpersonellem Handel. Die Individuen wären zu schützen. Dieser politische Ansatz heißt demnach auch Protektionismus. Kaum ein Vertreter der Wiener Schule teilt diesen.

## Ist Handel wirklich immer vorteilhaft? Ist internationaler Freihandel wirklich sinnvoll?

Abgesehen vom Irrtum können freiwillige Entscheidungen bei Willensschwäche oder böser Absicht gegen sich selbst und andere schädliche Folgen haben. Das ist die Essenz der Entscheidungsverantwortung: diese Folgen zuzulassen und zu tragen. Wachsende Tauschangebote sind verlockend und können zu Konsum, Bequemlichkeit und Kurzfristigkeit verleiten. Das ist aber weniger ein direktes Symptom des Handels als eines steigenden Wohlstands. Ungewünschten Handel zu mindern, ohne den Wohlstand zu schmälern, ist nicht möglich.

Die Hoffnung vieler Protektionisten liegt darin, über einen sogenannten »Erziehungszoll« den Wohlstand nachhaltig erhöhen zu können. Unternehmen sollen so lange vor Konkurrenz geschützt werden, bis sie stark genug sind, dieser widerstehen zu können. Das ist dieselbe Logik, als würde man ein Kind so lange zu Hause einsperren, bis es sich sicher im Straßenverkehr bewegen kann. Konkurrenzfähigkeit kann man nur unter Konkurrenzbedingungen entwickeln.

Wachsende Arbeitsteilung hat die Folge, dass wir zu Spezialisten immer kleinerer Teilbereiche werden und immer weniger selbst produzieren und damit auch die Fähigkeit zur Selbstversorgung verlieren. Friedrich von Hayek erkannte, dass wir bei steigendem Wohlstand und steigender Arbeitsteilung die Nutznießer von immer mehr Wissen werden, über das wir selbst nicht verfügen. Das heißt, relativ zu den Produktionsmethoden werden wir immer unwissender. Wenn die Wirtschaft expandiert, fällt uns das nicht negativ auf, in Zeiten der Kontraktion aber übermannt viele ein starkes Gefühl ohnmächtiger Hilflosigkeit und Abhängigkeit. Ohne Geldeinkommen wären die meisten modernen Menschen völlig aufgeschmissen, sie würden auch auf dem besten Boden und vor den leistungsfähigsten Maschinen hungrig und frierend bleiben. Doch diese Abhängigkeit ist der Preis des gesellschaftlichen Lebens, das Hunger und Leid immer weniger Platz lässt. Bei der unglaublichen Armutsabnahme in den letzten Jahrzehnten spielte internationaler Handel eine große Rolle. Milliarden Menschen bewegten sich aus chronischer Unterernährung in Richtung Mittelstandsexistenz.

Echter Freihandel hat allerdings wenig zu tun mit den komplexen internationalen Vertragswerken und Institutionen im Namen eines vermeintlichen »Freihandels«, bei dem es sich bloß um selektiven und manipulierten Handel im Dienste geopolitischer und partikularer Interessen handelt. Freihandel bedeutet bloß, zwei Seiten, die freiwillig miteinander tauschen möchten, nicht zu verfolgen, einzusperren oder umzubringen, um sie davon abzuhalten oder ihnen etwas abzupressen.

## Was ist mit den Nachteilen der Globalisierung?

Unter dem Begriff »Globalisierung« versteht man zwei Phänomene, die zwar zusammenhängen, aber grundverschieden sind. Einerseits die Ausdehnung der Arbeitsteilung auf die ganze Welt, die durch Handel immer stärker verbunden ist. Wie jede Ausweitung der Arbeitsteilung mehrt diese Globalisierung den weltweiten Wohlstand. Zudem stiften die internationalen Handelsverbindungen Frieden. Frédéric Bastiat bemerkte: Wenn Güter die Grenzen nicht überschreiten können, dann werden es Armeen tun. Oft ist Protektionismus die Vorstufe zu Krieg. Handel macht einander Fremde vertraut, außerdem haben immer mehr Menschen Anreize, nicht durch feindliche Gesinnung ihre Lebensgrundlage aufs Spiel zu setzen.

Das zweite Phänomen hinter dem Etikett »Globalisierung« ist die globale Angleichung der Lebensstile und Lebensformen, der Güter und Handelsketten, der Ideen und Präferenzen. Diese Angleichung ist aber eher kulturell und politisch als ökonomisch getrieben. Dass die USA als Zentrum internationaler Geldmengenausweitung in der Leitwährung Dollar auch die dominante Vorlage des Angleichungsprozesses sind, hängt zusammen und ist kein Zufall. Die Geldtheorie der Wiener Schule kann daher erklären, warum diese »Globalisierung« eine Amerikanisierung ist, die aufgrund des starken Antiamerikanismus von Linken und Rechten besonders heftig empfunden und dem Freihandel in die Schuhe geschoben wird. Echter internationaler Freihandel würde eher die Vielfalt erhöhen.

# Gibt es kein Marktversagen?

Der Markt handelt nicht und kann daher nicht versagen. *Am* Markt versagen die handelnden Menschen ständig, sonst würden die Märkte zum Stillstand kommen. Der Marktprozess ist ein Entdeckungsverfahren, bei dem allerdings auch immer wieder Irrtümer aufgedeckt werden. Dieser Prozess kommt niemals zu einem Ende und wird durch die Möglichkeit der Marktteilnehmer gestützt, Angebote ablehnen zu dürfen. Oft täuschen sich die Marktteilnehmer über die Angebote, die Möglichkeiten, ihre und fremde Präferenzen und die Realität und lernen manchmal daraus, wenn sie die Konsequenzen und Kosten ihrer Fehler tragen müssen.

Der Begriff vom »Marktversagen«, der eine Selbstverständlichkeit zu einem modellhaften Lehrbuchkonzept verdreht, entstammt den Versuchen von Politikern und Ökonomen in ihrem Sold, das Versagen der Menschen mit der vermeintlichen Allwissenheit von Planern zu kontrastieren und letztere damit zu ermächtigen. Dieser Denkfehler wird als Nirwana-Irrtum bezeichnet und besteht darin, die Realität mit einem utopischen Nirwana zu vergleichen, in dem es weniger Versagen gäbe – wenn nur »die Richtigen« am Ruder wären. Wo es Menschen gibt, menschelt es und gibt es Versagen, egal, ob sie tauschen oder befehlen. Beim freiwilligen Tausch kann man sich aufgedeckten Irrtümern allerdings entziehen, indem man unpässliche Angebote ablehnt. Beim Befehl muss man sie untertänigst ertragen.

# Ist eine ausgeglichene Handelsbilanz wichtig? Sind Exporte besser als Importe?

Die Handelsbilanz ist eine Teilbilanz der Zahlungsbilanz einer Volkswirtschaft und zeigt den Saldo aller exportierten und importierten Waren eines Jahres. Sie ist streng genommen keine »Bilanz«, da in einer kaufmännischen Bilanz grundsätzlich Bestände (*stocks*) zu einem bestimmten Stichtag im Jahr bewertet werden, die Handelsbilanz jedoch alle Einnahmen (Exporte) und Ausgaben (Importe) eines Jahres saldiert und somit eigentlich eine Flussgröße (*flows*) darstellt. Dennoch folgt die Handelsbilanz der Logik der doppelten Buchführung: Jeder Warenexport beispielsweise, welcher als Deviseneinnahme auf der Sollseite der Handelsbilanz gebucht wird, verlangt eine »Gegenbuchung« in der sogenannten Kapitalbilanz auf der Habenseite (Devisenausgabe). Umgekehrt wird jeder Warenimport, der eine Devisenausgabe darstellt und eine Habenbuchung auf der Devisenausgabenseite nach sich zieht, mit einer Sollbuchung in der Kapitalbilanz (Zunahme an Auslandsschulden) ausgeglichen. Soll- und Habenbuchungen in den beiden Teilbilanzen Handelsbilanz und Kapitalbilanz gleichen die Zahlungsbilanz am Ende eines Jahres immer aus.

Grundsätzlich tendieren Länder mit einer höheren Sparquote zu einem Handelsbilanzüberschuss (mehr Exporte als Importe), da sie nicht die gesamte Produktion konsumieren wollen. Länder mit einer im Vergleich eher höheren Konsumneigung tendieren zu Handelsbilanzdefiziten (mehr Importe als Exporte). Da sich die Teilbilanzen immer ausgleichen müssen, kann pauschal jedoch nicht davon gesprochen, dass nun Exporte per se besser seien als Importe oder dass eine ausgeglichene Handelsbilanz ein wichtiges wirtschaftspolitisches Ziel sei. So zeigen konstante Handelsbilanzüberschüsse zwar, dass mehr produziert als konsumiert wird, aber auch, dass ein Großteil der nationalen Ersparnisse über Auslandskredite aus dem Land abfließt, was unter Umständen an schlechten oder unzureichenden Investitionsmöglichkeiten im Inland liegen könnte. Umgekehrt können konstante Handelsbilanzdefizite als ein Zeichen unzureichender eigener Produktionskapazitäten interpretiert werden, da beständig mehr konsumiert wird, als im eigenen Land hergestellt werden kann. Darüber hinaus wächst aufgrund der steigenden Auslandsschulden die Abhängigkeit von internationalen Kreditgebern. Wenn die Kapitalimporte nun nicht investiv verwendet werden, das heißt nicht die Produktionskapazität des Landes mit dem Handelsbilanzdefizit erhöhen, dann wird das Land ernsthafte Probleme bekommen, zahlungsfähig zu bleiben.

In einer idealen Welt der internationalen Handelstätigkeit würden sich langfristige Ungleichgewichte der Zahlungsbilanzen über den Wechselkurs rasch wieder ausgleichen. So wie kein individueller wirtschaftlicher Akteur konstant mehr konsumieren kann, als er produziert, kann auch eine Volkswirtschaft nicht dauerhaft mehr konsumieren – und dabei Auslandsschulden kumulieren –, als reale Güter und Dienstleistungen zu deren Ausgleich produziert werden. Umgekehrt können auch Handelsbilanzüberschüsse nicht von Dauer sein, da sich durch die Exporte gleichzeitig auch die Nachfrage nach der Währung des Überschusslandes erhöht und dadurch, *ceteris paribus*, die Preise der exportierten Waren für das Ausland steigen. Leider entsprechen Wechselkurse heute aus währungspolitischen Gründen oft nicht realen Marktverhältnissen, und die Ausgleichsfunktion ist stark eingeschränkt, was zu Verzerrungen führt.

# Kapital und Arbeit

# Was ist Kapital?

Kapital ist eine aus Gütern, Handlungen und Beziehungen bestehende Struktur, die es erlaubt, mehr und höhere Ziele in größerem Ausmaß, schneller, besser und günstiger zu erreichen. Dieser indirekte Weg der Zielerreichung erfordert hohes Abstraktionsvermögen, vorübergehenden Verzicht bzw. Geduld und korrekte Antizipation – und vor allem die Fähigkeit und den Willen, sich überhaupt selbst Ziele zu setzen. Wenn höherer Wohlstand im einzig zulässigen, nämlich breiten Wortsinn die effektivere Erreichung von mehr und höheren menschlichen Zielen bedeutet, dann vergrößert Kapital langfristig den Wohlstand. Dieser Wohlstandszuwachs ist bedingt durch die Kombination bestehender Faktoren in eine Struktur, die in unteilbarer Weise einen höheren bzw. besseren Gesamtertrag dieser Struktur mit sich bringt als die Einzelerträge der nicht zusammengesetzten Faktoren. Dazu muss allerdings auf den in der Regel rascher und einfacher zu erzielenden Einzelertrag verzichtet werden – in der ungewissen Aussicht einer möglicherweise gelungenen Neukombination. Ohne Aussicht auf diesen Mehrertrag bestehen kaum Anreize für den Kapitalaufbau; allerdings ist Ertrag niemals bloß monetär oder materialistisch zu verstehen.

Das ökonomische Verständnis von Wohlstand und Kapital verrät uns allerdings noch nicht, welche Ziele wir anstreben sollen, welche Ziele unserem menschlichen Wesen entsprechend und förderlich sind und welche Ziele sich widersprechen könnten. Die verkürzte Betrachtung von Wohlstand als rein materielle Größe der maximalen Ausstattung mit materiellen Konsumgütern ist charakteristisch für arme oder verarmende Gesellschaften.

Bei einem breiteren Verständnis menschlichen Wohlstands im Sinne des Wohls der Menschen gewinnt auch das Konzept Kapital eine wesentlich breitere Bedeutung. Der Einsatz aller Güter und Beziehungen, über die man verfügt, zur Maximierung ihres materiellen Ertrages kann im Grenzfall auch als Konsum (»Aufbrauchen«) aufgefasst werden, während die Pflege von Beziehungen und Strukturen, ohne Schielen auf ihren materiellen Ertrag, eine Investition im eigentlichen Sinne sein kann. Die Dinge können sich bei näherer Analyse also gänzlich umgekehrt darstellen, als sie auf den ersten Blick erscheinen. Der Ökonom darf hier durch eine ungenaue und verkürzte Interpretation keine versteckte Wertung einführen. Hohes Einkommen ist noch kein Endzweck, die Frage ist für den Ökonomen immer, welchen Zielen diese Mittel dienen sollen. Der ziellose Mehrer des materiellen »Wohlstandes« kann so im Endeffekt weitaus weniger wohlhabend sein als der Mensch, der sehr bewusste Ziele unter Einsatz geringerer Mittel verfolgt.

## Warum ist Kapital wichtig?

Der Wohlstand, also die Fähigkeit, unsere subjektiven Ziele zu erreichen, ist von Natur aus sehr gering – sowohl, was unsere angeborenen Fähigkeiten (den Einsatz unserer Arbeit) betrifft, als auch unsere Ausstattung mit permanenten Gütern, die keine Vorleistung erfordern. Der allergrößte Teil des Wohlstandes ist die Folge menschlicher Vorleistungen in der Form aufgebauter Strukturen, die sich – stets im Nachhinein – als tatsächliches, das heißt korrekt antizipiertes Kapital erweisen. Jene Strukturen, deren Erträge ausbleiben, die sich an falschen, zum relevanten Zeitpunkt nicht angestrebten Zielen orientieren oder deren Erträge auf Kosten höher bewerteter Alternativen anfallen, erweisen sich als Konsum und nicht als Kapital.

Kapital ist vergänglich und erfordert laufende Reinvestitionen, die oft direkt aus dem Kapitalertrag getätigt werden können. Werden solche Reinvestitionen nicht getätigt, weil beispielsweise der gesamte Ertrag oder mehr konsumiert wird, kommt es zu einer Aufzehrung des Kapitals und somit langfristig zu niedrigerem Wohlstand. Nur ein geringer Teil dieses Wohlstands und Kapitals ist materieller Natur.

Zur Verdeutlichung eine Umformulierung eben genannten Zusammenhangs: Wenn wir nicht auch darauf abzielen, stets die Grundlagen zu erhalten, die uns das Erreichen unserer Ziele ermöglichen, werden wir immer weniger Ziele unter immer größerer Mühe erreichen können. Nachhaltige Erträge sind stets kapitalerhaltende oder kapitalmehrende Erträge. Um Kapitalaufzehrung zu vermeiden, müssen wir Kapital und Ertrag deutlich voneinander unterscheiden können –

gerade heute eine nicht zu unterschätzende Aufgabe. Der Aufbau und die Erhaltung von Kapitalstrukturen sind eine schwierige Kunst; es handelt sich um die Disziplin der Kultur. Das Wort Kultur verweist auf diese alte Bedeutung, als die wesentliche Kapitalbildung in der Landwirtschaft erfolgte. Die Felder, die heute zu bestellen sind (dies bedeutet lateinisch *colere,* wovon sich *cultura* bzw. »Kultur« ableitet), sind zum Teil weit komplexerer Natur. Dies macht es aber auch schwieriger, die Saat zu erkennen und nicht achtlos zu zerstören.

# Wie entsteht Kapital?

Menschen sind dazu in der Lage, ihre Konsumwünsche zurückzustellen und anstelle schnelleren Konsums umständlichere Produktionswege zu beschreiten. Das machen sie deshalb, weil manche dieser Produktionsumwege später einen höheren Ertrag ermöglichen: mehr, bessere und günstigere Güter. Umwege bedeuten aber Zeiträume ohne direkt konsumierbare Erträge, Durststrecken, die oft ohne Lohn bleiben, weil die meisten Produktionsumwege in Sackgassen enden. Produktionsumwege sind solche, die mehr Kapitalgüter erfordern, über den Umweg von Gütern höherer Ordnung gehen müssen, die mehr Zeit benötigen, vorübergehend geringere Erträge bringen oder mehr Aufwand bedeuten. Die Bereitschaft und Fähigkeit, Umwege einzugehen, die Langfristigkeit und das abstrakte Vorstellungsvermögen, die Zukunft in der Gegenwart zu gestalten, ermöglichen Kapitalaufbau.

# Ist Kapital gerecht verteilt?

Kapital ist nicht verteilt und lässt sich auch nicht verteilen. Es entsteht und vergeht, es hängt an bestimmten Menschen, Kontexten und Strukturen, ist nicht eine homogene Summe, die sich beliebig teilen und aufbewahren lässt. Der ethische Begriff der »Gerechtigkeit« lässt sich nur sinnvoll auf bewusstes menschliches Handeln beziehen, er bezeichnet eine Tugend. Die komplexen Wechselwirkungen und Zufälligkeiten der Mehrergiebigkeit von Produktionsumwegen (in den Worten von Böhm von Bawerk) sind weder gerecht noch ungerecht. Ihr Wert kann von einem Moment auf den anderen verschwinden oder sich vervielfachen, ohne dass sich etwas Materielles geändert hätte. Wer hohen Wohlstand für möglichst viele Menschen möchte, muss Möglichkeiten der Kapitalentstehung zulassen, denn Kapital muss ständig neu entstehen, sonst verschwindet es rasend schnell. Kapital kann man so gut oder schlecht verteilen, wie man eine lebende Kuh verteilen kann: Wenn man sie zerteilt und »verteilt«, wird sie vom Kapitalgut zum Konsumgut: Sie kann nie wieder Milch geben, wenngleich sich die Zuteilungsempfänger freilich über einen schmackhaften Braten freuen.

# Wie kann man Kapital messen?

An den Früchten sollt ihr es erkennen – mehr lässt sich darüber nicht bestimmen. Kapital ist etwas anderes als eine Geldsumme. Es besteht aus völlig unvergleichbaren, teilweise unsichtbaren Bestandteilen. Eine Geldsumme in der Hand einer gewissen Person in einem gewissen Kontext mit bestimmten Kontakten, Mitarbeitern, Infrastrukturen kann ein wichtiger Kapitalgutbestand sein. Losgelöst von diesem Kontext wird es zur Last, zu einer schwindenden Summe von Konsumgütern, die sich nicht von selbst vermehrt. Die auf Märkten handelbaren Kapitalgüter lassen sich in Bilanzen anführen – diese potenziellen Liquidationserlöse haben aber nichts mit realen Kapitalwerten zu tun. Weil Kapital nicht messbar ist, außer in seinen Erträgen, kann es leicht mit diesen Erträgen verwechselt werden – diese Verwechslung führt zu Kapitalkonsum, an dessen Ende Mittellosigkeit und Armut stehen.

# Was ist der Unterschied zwischen Kapital und Kredit?

Kapital entsteht aus realen Ersparnissen, Innovationen und Wagnissen von Menschen. Kapitalgüter, insbesondere Geld, können anderen Menschen zur Verfügung gestellt werden – dann spricht man von Fremdkapital. Der Vertrag gründet auf Vertrauen, daher der Begriff »Kredit« (von lateinisch *credere*, »glauben«). Heutige Kreditschöpfung hat jedoch nichts mehr mit realen Ersparnissen zu tun. Darum ist heutiger Kredit noch viel mehr eine Glaubenssache, er bezeichnet den Glauben an hinreichende Liquidität, ohne diese über reale Wertschöpfung nachhaltig garantieren zu können. Um es auf einfache Beispiele herunterzubrechen: Kapital ist das Wissen, wie man das eigene Auto reparieren kann, wenn es einen Schaden hat. Kredit ist der Geldvorschuss, um ein neues Auto zu kaufen. Kapital ist der Ofen, in dem man einen Kuchen backen kann. Kredit ist der Geldvorschuss, um einen Bäcker zu bezahlen.

# Woher kommt Armut, und was kann man dagegen tun?

Armut ist schlicht Abwesenheit von Wohlstand und die Normalsituation der Menschheit. Direkt von der Hand in den Mund lässt sich nur in kleinen Teilen der Welt leben. Meist braucht es Kapital, um zu überleben, und Kapital ist es auch, was über den langfristigen und nachhaltigen Wohlstand bestimmt. Kapital ist jedoch knapp, da es der Umwelt und den menschlichen Konsumwünschen abgerungen werden muss. Günstig für die Kapitalbildung und damit Wohlstandssteigerung ist sicheres Privateigentum, da dieses für Individuen, Familien, Unternehmen und Organisationen günstige Anreize bedeutet, gegenwärtigen Konsum einzuschränken, Ersparnisse aufzubauen und diese zu investieren. Nur Kapitalaufbau kann eine Gesellschaft nachhaltig wohlhabender machen, Umverteilung von innen oder außen (»Entwicklungshilfe«) zerstört langfristig eher die Anreize und verleitet daher zu Kapitalkonsum. Das Ende des Sozialismus in weiten Teilen der Welt hat eine massive Wohlstandszunahme möglich gemacht, die Veränderungen in Asien waren besonders dramatisch. Die Armut, in absoluten Maßzahlen, ist im Schwinden begriffen, die Ungleichheit jedoch nimmt aufgrund der monetären Verzerrungen eher zu. Wohlstand ist allerdings nicht dasselbe wie Gleichheit – ganz im Gegenteil ist nur bittere Armut mit völliger Gleichheit vereinbar.

## Was bestimmt über die Lohnhöhe?

Je niedriger der Kapitalbestand einer Wirtschaft, desto niedriger ist die mögliche Lohnhöhe. Lohn ist das freiwillige Tauschverhältnis für die Miete von Arbeitskraft. Die Zahlungsbereitschaft für Arbeitskraft ist unter Fremden kaum jemals langfristig höher als die Grenzproduktivität dieser Arbeitskraft. Grenzproduktivität ist die Wertschöpfungsrate des marginalen Arbeitseinsatzes, die erstens vom gestifteten subjektiven Nutzen für den Kunden, zweitens vom verfügbaren Kapital und an dritter Stelle von Fleiß und Effizienz des Arbeitenden abhängt. Da es bei der Zahlungsbereitschaft unter Fremden um Nutzenerwartungen geht, kann die Lohnhöhe anfangs noch unter der Grenzproduktivität liegen, wenn Ungewissheit über die Produktivität besteht – etwa bei Berufseinsteigern, die sich erst beweisen müssen. Der Arbeitssuchende bietet seine Arbeitskraft an und verzichtet dadurch auf den Konsum von Freizeit, wenn die Konditionen in seinem Sinne sind. Ein Mangel an eigenen Produktionsmitteln drängt Menschen oft zur Arbeit, sodass sie niedrige Konditionen in Kauf nehmen. Eine Verbesserung ihrer Situation ist allerdings nur durch Kapitalbildung möglich; dass freiwillige Arbeitsverhältnisse unmöglich gemacht werden, weil Dritten die Konditionen ungünstig scheinen, schafft für die Arbeitssuchenden keinerlei Verbesserung. Zwangsweise durchgesetzte Mindestlöhne haben keine Wirkung, wenn sie über der Grenzproduktivität der jeweiligen Arbeiter liegen. Wenn sie unter deren Grenzproduktivität liegen, ist nicht eine Lohnsteigerung die Folge, sondern das Verschwinden dieser Arbeitsmöglichkeiten. Mindestlöhne schaden daher den weniger Produktiven.

# Woher kommt Arbeitslosigkeit, was kann man dagegen tun?

In einer arbeitsteiligen Gesellschaft entscheidet der Kunde über die subjektive Wertschätzung der Angebote. Es gibt keinen Anspruch auf einen bestimmten Arbeitsplatz ohne reale Wertschöpfung für reale Kunden. Je höher der Kapitalbestand in einer Wirtschaft, desto leichter fällt es Einzelnen, ihren Lebensunterhalt dadurch zu verdienen, dass sie anderen dienen (daher: Verdienst). Wer nicht schon durch Eltern, Verwandte und Freunde auf Stellen geführt wird, an denen Verdienste möglich sind, muss diese selbst entdecken. Das benötigt dann eine gewisse Zeit, wenn man sich nicht mit den nächstliegenden Möglichkeiten abfinden will, den dringlichsten und geringer bezahlten, weil offensichtlichen Hilfsdiensten. Jedem steht frei, für sich selbst zu arbeiten und Autarkie anzustreben, doch die meisten ziehen die gesellschaftliche Arbeitsteilung vor, weil sie viel höheren Wohlstand ermöglicht. Dann müssen sie für andere arbeiten und sich dazu auf ein freiwilliges Tauschverhältnis einigen.

Dass jemand dauerhaft trotz Arbeitswilligkeit keine Arbeit finden kann, liegt an Verzerrungen: Etwa steuerliche Verteuerung von Arbeit, welche die Kosten über die Grenzproduktivität hebt, Zugangsbeschränkungen zum Arbeitsmarkt oder Mindestlöhne, die freiwillige Arbeitsvereinbarungen für Minderproduktive gänzlich verbieten. Da niedrige Produktivität aber selten dauerhaft ist, denn Produktivität steigt durch Erfahrung, Übung, Lernen und Kapitalaufbau, ist so eine Verbesserung ausgeschlossen. Umverteilung als Trostpflaster für diese aus dem Arbeitsmarkt Gedrängten verschlimmert deren Lage langfristig noch mehr, da damit Anreize zu sinkender anstatt zu steigender Produktivität gesetzt werden.

# Zinsen

# Was sind Zinsen?

Es war eine wichtige Erkenntnis der Wiener Schule, dass Zinsen auch dann auftreten, wenn bewusst überhaupt keine Zinsen gezahlt werden. Es handelt sich dabei um Bewertungsunterschiede, die mit dem Faktor Zeit zusammenhängen. Dieses Phänomen trat zunächst deutlich bei der Diskontierung von Wechseln und der Bewertung von Pachtgütern zutage. Ein Wechsel ist ein Zahlungsversprechen. Grob gesprochen handelt es sich bei der Übertragung von Wechseln um den Tausch von Gütern gegen Versprechen. Dies kann man auch als Tausch von gegenwärtigen Gütern gegen zukünftige Güter ausdrücken. Ein Wechsel ähnelt einem Gutschein, der erst ab einem bestimmten Stichdatum eingelöst werden kann. Nun können wir beobachten, dass auf Märkten, an denen sich per definitionem fremde Menschen treffen, um miteinander zu tauschen, die Preise für solche Gutscheine nicht genau den Preisen für die versprochenen Güter entsprechen. Nehmen wir ein einfaches, fiktives Beispiel (das allerdings nicht dem historischem Wechselgebrauch entspricht), um das Phänomen zu illustrieren: Ein Landwirt erstellt einen Gutschein, auf dem er vermerkt: »Wer mir diesen Gutschein vorlegt, erhält ein Kilogramm Weizen aus meiner *nächsten* Ernte, die ich in circa einem Jahr einfahren werde.« Mit diesem Gutschein bezahlt er eine Hilfskraft. Diese muss nun aber schon heute Brot essen, nicht in einem Jahr. Kein Problem, besänftigt der Landwirt den Helfer, diesen Gutschein kannst du am Markt weiterverkaufen, denn man kennt mich und die Güte meiner Versprechen. Tatsächlich findet der Gutscheinverkäufer willige Käufer am Markt, doch niemand bietet ihm genau ein Kilogramm Weizen oder dessen Gegenwert. Alle Gebote sind etwas geringer. Woran liegt das? Einerseits gibt es natürlich ein Vertrauensproblem, das heißt, die Einlösung könnte als ungewiss betrachtet werden. Einiges deutet jedoch daraufhin, dass auch bei vollkommener Gewissheit über die erfolgreiche Ernte und die zeitgerechte und vollständige Einlösung noch immer eine Differenz zwischen den aktuellen Geboten und dem Wert der zukünftigen Güter verbliebe. Ein Kilogramm heutiges Getreide wird am Markt offenbar höher bewertet als ein Kilogramm zukünftiges Getreide, auch wenn die Zukunft vollkommen gewiss wäre.

# Wie entstehen Zinsen? Was ist Zeitpräferenz?

Zinsen können durch das Phänomen der Zeitpräferenz erklärt werden. Mit diesem Begriff wird die Bereitschaft ausgedrückt, Bedürfnisse in der Gegenwart zurückzustellen, um zukünftige Bedürfnisse besser zu befriedigen. Diese Präferenz unterscheidet sich von Mensch zu Mensch und ist keineswegs konstant. Eine hohe Zeitpräferenz bezeichnet eine hohe Präferenz für Zeit: Das bedeutet, dem Zeitpunkt einer Handlung wird ein besonders hoher Wert beigemessen. Jemandem mit hoher Zeitpräferenz ist es wichtiger, wann er etwas bekommt, als, wie viel er bekommt. Der Hungernde legt verständlicherweise mehr Wert darauf, möglichst bald etwas zu essen zu bekommen; was er zu essen bekommt, ist nebensächlich. Eine niedrige Zeitpräferenz drückt das Gegenteil aus: Lieber später ein besseres Mahl zu mir nehmen, das ich genießen kann, als jetzt schnell etwas herunterwürgen, um meinen Appetit zu stillen.

# Ist eine niedrige Zeitpräferenz besser als eine hohe?

Eugen Böhm von Bawerk definierte die Zeitpräferenz als jenen Faktor, der über die Sparneigung der Menschen bestimmt. Damit besteht ein wesentlicher Zusammenhang zwischen Kapitalaufbau und Zeitpräferenz. In der Tat benötigt der Kapitalaufbau einen längeren Handlungshorizont. Kurzfristigkeit ist daher ein Symptom verarmender Gesellschaften. Dies lässt sich in der Geschichte immer wieder beobachten. Die Ökonomen der Wiener Schule werteten dies nicht. Sie hielten keine Moralpredigt über das sparsame und enthaltsame Leben. Doch sie wiesen darauf hin, dass die Menschen, wenn sie eine künftige materielle Besserstellung erhoffen, in der Gegenwart unbequeme Entscheidungen dafür fällen müssen. Diese Fähigkeit, künftige Erfordernisse und Ergebnisse so bildhaft in der Gegenwart vor Augen zu haben, dass sie über momentane Entscheidungen bestimmen können, erwirbt der Mensch erst im Laufe seiner Entwicklung. Kleinkindern gelingt dies noch nicht. Auch nicht alle Erwachsenen weisen eine gleich niedrige Zeitpräferenz auf.

# Sind niedrige Zinsen nicht besser als hohe?

Menschen mit hoher Zeitpräferenz muss man sehr viel mehr zukünftige Güter bieten, damit sie auf ihre gegenwärtigen Güter verzichten. In kapitalarmen Gesellschaften, die durch hohe Zeitpräferenzraten gekennzeichnet sind, überrascht es nicht, extrem hohe Zinssätze zu beobachten. Zinsen setzen, wie andere Preise, Anreize und haben eine Koordinationsfunktion. Hohe Zinsen machen es weniger attraktiv, gegenwärtige Güter aufzubrauchen, und attraktiver, diese anderen anzubieten. Niedrige Zinsen, wenn sie nicht Indikator geringer Zeitpräferenz sind, also nicht durch das Überangebot von gegenwärtigen Gütern entstehen, führen zu Verschwendung und mindern den Kapitalaufbau.

# Wer bestimmt heute die Zinssätze und wie?

Heute werden die Zinssätze am Markt nicht mehr durch Angebot und Nachfrage von Ersparnissen bestimmt, sondern gezielt durch Geldpolitik manipuliert. Die Zentralbanken intervenieren so lange auf den Märkten, sogar mit direkter Geldschöpfung, bis die Zinssätze ihren Plänen entsprechen. Sie drücken Zinssätze, indem sie mit neu geschöpftem Geld auf den Kapitalmärkten auftreten und der Eindruck eines Überangebots von Ersparnissen entsteht – ohne dass die realen Menschen sparsamer geworden wären.

# Sind Einkommen aus Zinsen nicht ungerecht?

Aufgrund der positiven Zeitpräferenz sind Menschen gegenwärtige Güter etwas wertvoller als zukünftige. Wenn sie also für Fremde auf diese Güter vorübergehend verzichten sollen, erwarten sie sich ein Abgleichen dieses Wertunterschieds. Güter, über die man unmittelbar verfügen kann, werden in aller Regel höher bewertet als exakt dieselben Güter, auf deren Verfügung man warten muss. Selbst wenn die Rückzahlung vollkommen sicher wäre, gäbe es diesen Wertunterschied aufgrund der Zeitpräferenz. Das Risiko einer ungewissen Rückzahlung ist eine zusätzliche Komponente, die den Wertunterschied noch vergrößert. Entscheidend ist wiederum die Erwartung, denn das Risiko lässt sich nur im Nachhinein objektiv bestimmen, nämlich dann, wenn es gar nicht mehr besteht.

Wenn jemand etwas verleiht, überträgt er auch das Risiko, diese Güter zu verlieren. Wäre das nicht Anreiz genug, Fremden Geld zu leihen? Denn dann müssten diejenigen, die das Geld ausgeliehen haben, ja darauf aufpassen. Die meisten Menschen schätzen das Risiko geringer ein, wenn sie selbst über etwas verfügen, als wenn Fremde darüber verfügen. Risiken, die man selbst kontrolliert, werden systematisch unterschätzt. Das ist auch der Grund, warum sich die meisten Autofahrer für überdurchschnittlich gute und sichere Autofahrer halten, was statistisch unmöglich ist.

Moralisch problematisch sind risikofreie Zinseneinkommen, die erst durch Interventionen und Privilegien möglich werden. Jedes reale Kreditgeschäft ist mit Risiko verbunden und findet nur bei erwarteter Win-win-Situation statt.

# Kann man Zinsen verbieten?

Auch im absoluten Gleichgewicht, wenn es keine Veränderung und Ungewissheit mehr gäbe, würde man das Phänomen der Zinsen beobachten. Da es sich bei Zinsen um den Ausdruck einer Präferenz handelt, kann man davon ausgehen, dass diese Präferenz auch dann besteht, wenn sie sich nicht ausdrücken kann oder darf. Die unterschiedliche Bewertung von gegenwärtigen und zukünftigen Gütern lässt sich also nicht per Gesetz aus der Welt schaffen. Wenn die Abgeltung der Wertunterschiede verboten wäre, würden Menschen Fremden keine Ersparnisse mehr zur Verfügung stellen oder Ausweichmanöver einschlagen. Dann gäbe es anstelle von Zinsen wohl Geschenke und allerlei Gebühren. Dies gilt allerdings nur bei unveränderten Präferenzen – wenn wir die Menschen also so betrachten, wie sie gegenwärtig sind.

# Ist denn Horten nicht schlecht für die Wirtschaft?

Betrachtet man die Sache ohne den Schleier des Geldes wird die Absurdität dieser Wertung deutlich. Wer alle Güter aufbraucht, soll ein Wohltäter sein, wer etwas aufhebt hingegen ein Egoist? Der Konsum entzieht im Gegensatz zum Horten die Güter dauerhaft dem Umlauf. Denn das Horten führt bloß zu einer zeitlichen Verschiebung des Konsums. Die gehorteten Güter werden entweder eines Tages konsumiert, getauscht oder letztlich doch investiert. Das Horten ist die Voraussetzung der meisten Investitionen. Würden die Menschen ihr Einkommen nur entweder konsumieren oder sofort und unmittelbar investieren, könnten sie nur sehr kleine Schritte setzen. Die größeren Investitionen erfordern eine längere Vorlaufzeit des Ansparens.

Ziel des Hortens ist die Wertsicherung, um das wirtschaftliche Handeln zeitlich besser einzuteilen. Es ermöglicht den Konsum in der Not und die Investition bei sich bietender Gelegenheit. Moderne Ökonomen kritisieren, dass durch das Horten die Umlaufgeschwindigkeit des Geldes sinkt. Ein möglichst rascher Umlauf, so diese Ökonomen, würde höheren Wohlstand hervorbringen. Das ist ein Irrtum. Wenn drei Menschen im Kreis sitzen und der erste dem zweiten eine Münze reicht, der zweite dem dritten und der dritte wiederum dem ersten, so hat jeder eine Münze verdient und eine ausgegeben. Es sollte offensichtlich sein, dass durch die Erhöhung der Geschwindigkeit des Weiterreichens kein Wohlstand geschaffen werden kann, solange nicht einer zu horten beginnt und diesen sinnlosen Umlauf beendet.

In Wirklichkeit geht es freilich um die realen Güter und Dienstleistungen, die die Hände wechseln. Wenn Menschen ein bestimmtes Gut oder Geld horten, dann äußern sie eine höhere Nachfrage nach diesem Gut oder Geld. Die Folge davon ist, dass die Preise für das gehortete Gut steigen. Das wiederum bedeutet, dass die Preise aller anderen Güter, ausgedrückt im gehorteten Gut oder Geld, sinken. Ein Fischer, der seinen Fisch selbst behält, schädigt seine Industrie nicht, sondern beschert seinen Kollegen ganz ohne Absicht ein höheres Einkommen.

# Führen Zinseszinsen nicht zu exponentiellem Wachstumsdruck?

Verzinste Guthaben zeigen nur dann eine exponentielle Zunahme, wenn die Zinsen nicht ausgeschüttet, sondern der Stammsumme stets hinzugefügt und mitverzinst werden. Man spricht dann von einer Thesaurierung, abgeleitet vom griechischen Wort *thesauros*, das »Schatzhaus« bedeutet. Dieser Wachstumseffekt wird durch den sogenannten Zinseszinseffekt verursacht. Einen solchen Effekt zuzulassen, gilt vielen Kritikern als Inbegriff eines kurzfristigen Wirtschaftssystems, dem es an Nachhaltigkeit fehlt.

Diese Kritik ist berechtigt, doch die daraus gezogenen Schlüsse sind meist die falschen. Der Zinseszins hängt davon ab, für welche Laufzeiten Zinsen berechnet werden. Am stärksten ist der Effekt, wenn ständig neu verzinst wird und die anfallenden Zinsen sofort der zu verzinsenden Stammsumme beigefügt werden. Ein Zinseszinseffekt entsteht also nur bei laufender Neuveranlagung, wobei die Rückzahlung jedes Mal aufs Neue ungewiss ist. Diese Ungewissheit, die auch jede produktive Neuveranlagung kennzeichnet, beschränkt das Wachstum. Thesaurierung erlaubt kleinen, besseren Unternehmen im Vergleich zu größeren, schlechteren zu wachsen – aber nur solange sie besser bleiben.

Wenn man jemandem eine Summe für einen festen Zeitraum zur Verfügung stellt und diese am Ende dieses Zeitraums zuzüglich eines Zinsenaufschlags zurückfordert, treten keine Zinseszinsen auf. Erst bei laufendem Anwachsen des Darlehens um die Zinsen kann es zur Verzinsung der Zinsen kommen. Das wäre nur dann der Fall, wenn der Schuldner nicht einmal die Zinsen zurückzahlen kann und auch die zu zahlenden Zinsen zusätzlich als neuen Kredit aufnimmt. Man muss schon ziemlich dumm oder unverfroren sein, seine Zinsen durch immer neue Schulden zurückzahlen zu wollen. Auf diese Weise wächst die Schuldenlast nämlich in der Tat exponentiell. Systematisch macht so etwas nur der Staat.

# Geld

# Was ist Geld?

Geld ist ein allgemein akzeptiertes Tauschmittel, das indirekten Tausch möglich macht. Bestimmte Güter ermöglichen es Menschen, die Beschränkungen des direkten Tausches zu umgehen, indem sie eine Vermittlungsfunktion übernehmen. Friedrich von Hayek bemerkte, dass Geld eigentlich nicht als Hauptwort, sondern als Eigenschaftswort behandelt werden sollte: Manche Güter sind »geldiger« als andere. Die Geldeigenschaft besteht darin, höhere Absatzfähigkeit aufzuweisen, weil der Grenznutzen in geringerem Ausmaß sinkt als bei anderen Gütern. Aufgrund der unterschiedlichen physischen Beschaffenheit eignet sich nicht jede Ware gleichermaßen als Geld. Bestimmte Eigenschaften, wie bessere Transportfähigkeit, vorteilhafte Kaufkraft, leichte Teilbarkeit, hohe Einheitlichkeit und lange Haltbarkeit, sind für die Erfüllung der von einem Tauschmittel verlangten Aufgaben besonders dienlich.

# Welche Arten von Geld gibt es?

Ludwig von Mises unterschied Geld nach dessen auftretenden Arten in Sachgeld, Kreditgeld und Zeichengeld. Sachgeld besteht aus Gütern oder Güterzertifikaten, Kreditgeld besteht aus übertragbaren Forderungen und darauf basierenden Umlaufsmitteln, Zeichengeld aus Symbolen (digital, gedruckt oder geprägt). Letzteres ist eine Geldart, die reine Konvention ist, reines »Fiat-Geld« (von lat. *fiat* – »es werde!«), nur bestimmt durch das Zeichen (Stempel, Prägung, Aufdruck oder digitale Spezifikation) und beliebig festsetzbar. Beispiele für Zeichengelder unterschiedlicher Reinheit sind Scheidemünzen, Gutscheine (sofern sie keine einklagbaren Forderungen darstellen), Essensmarken, »Meilen« oder Bonuspunkte (sofern übertragbar) etc. Heutige Währungen sind eine aus Sachgeldsubstituten hervorgegangene Zwischenform zwischen Kreditgeld und Zeichengeld, am ehesten als Kreditgeldsubstitut, als eine Art digitale Scheidemünze eines Kreditgelds kategorisierbar; sie liegen allerdings in heutiger Ausprägung immer näher an der Kategorie des Zeichengelds.

# Wie ist Geld entstanden?

Die Geldeigenschaft ist in einem gesellschaftlichen Entdeckungsprozess in bestimmten Gütern entdeckt worden. Warengeld hat sich in Marktgesellschaften herausgebildet, in denen regelmäßig Fremde miteinander tauschen. In Sippengemeinschaften spielt Geld eine untergeordnete Rolle, es werden nur Überschüsse getauscht und diese allenfalls als Kreditgeld angeschrieben, wenn die Reziprozität nicht gar indirekt ist – bis hin zum Schenken. Die Marktseite des Geldes ist die Zahl auf der Münze, die in der Regel auf historische Gewichtsangaben zurückgeht. Es gibt auch eine staatliche Seite des Geldes – der Kopf auf der Münze –, wobei Geld Herrschaftssymbol und Steuereinheit ist. Da die Marktseite des Geldes sich in bestimmten Gütern findet, die von Herrschaftssymbolen unabhängig sind, gilt diese Seite den Vertretern der Wiener Schule als historisch vorrangig – wobei natürlich vor dem Warengeld der Marktgesellschaften das Nichtgeld, Zeichengeld und Kreditgeld der Sippengemeinschaften steht.

# Ist Geld eines der Übel der Welt?

Geld stößt auf Ablehnung, weil es eben Symptom einer Marktgesellschaft ist, also einer Ordnung, in der Fremde aus Eigennutzen miteinander Handel treiben. Ohne Geld wäre der Handel sehr beschränkt, damit der Wohlstand deutlich geringer, aber auch die Durchmischung, Kommerzialisierung und Marktorientierung. Heutiges Geld allerdings, das kein Warengeld mehr ist, sondern »Fiat-Geld«, hat eine verheerende und verzerrende Wirkung. Die meisten aktuellen Vertreter der Wiener Schule halten das moderne Geldsystem in der Tat für eines der größten Übel der Welt, dessen Folgen einfachere Kriegsfinanzierung, Umweltschäden, moralische Degeneration, Gesellschaftszerstörung und Kapitalkonsum sind. Roland Baader (ein deutscher Schüler von Friedrich von Hayek) sprach von einer »neuen Alchemie«, die schlimmer als die alte sei, weil sie ihren illusionären Charakter anfänglich verschleiert und der Glaube an sie tatsächlich Wirkung zeigt: »Wirtschaftswachstum«.

## Was ist Inflation?

Inflation kommt vom lateinischen Wort für »aufblähen« und bezeichnet ursprünglich die Ausweitung der ungedeckten Geldmenge. Gemeint ist damit die Produktion von mehr Münzen aus der gleichen Edelmetallmenge durch Zumischung unedler Metalle, das Ausstellen zusätzlicher Lieferscheine, ohne dass die gelagerte Menge zunimmt, die Vergabe zusätzlicher Kredite, ohne dass die Depositen zugenommen haben, und der Ankauf von Schuldtiteln aus eigens dafür künstlich geschöpften Geldmitteln. Diese Ausweitung der ungedeckten Geldmenge täuscht – im Gegensatz zu einer Ausweitung der gedeckten Geldmenge – über das Ausmaß der real vorhandenen Güter und Ersparnisse und setzt eine ungerechte Umverteilung von Vermögenswerten in Gang. Heute wird Inflation meist als Synonym für Verteuerung verwendet, der Anstieg der Preise ist allerdings nur eine mögliche und verspätete Folge der Inflation der Geldmenge.

# Was ist Deflation?

Deflation ist die Reduktion der Geldmenge. Die ungedeckte Geldmenge kann durch Rückzahlung von Krediten sinken, wenn nicht zugleich mehr neue Kredite vergeben werden, oder durch Zahlungsausfälle von Schuldnern, auch verschuldeten Staaten. Deflation tritt heute meist im Zuge der wirtschaftlichen Verwerfungen durch Inflation auf. Es handelt sich dann entweder um eine Phase, in der das Vertrauen aufgrund einer Wirtschaftskrise so niedrig ist, dass weniger Kredite vergeben werden als Schuldner zahlungsunfähig werden oder zurückzahlen. Oder aber es handelt sich um verzweifelte Interventionen des Staates oder der Zentralbanken, die versuchen, die Folgen vorheriger Inflation unter Kontrolle zu bekommen. Diese Art von Deflation entspricht einer Enteignung der Sparer. Heute wird Deflation meist als Synonym für Vergünstigung verwendet. Vergünstigung kann eintreten, wenn die Geldmenge sinkt, in der Regel tritt sie aber durch Produktivitätswachstum auf und bedeutet steigenden Wohlstand.

# Was ist schlimmer, Inflation oder Deflation?

Deflation ist die notwendige Folge von Inflation, denn früher oder später nähert sich aufgeblähtes »Fiat-Geld« seinem inneren Wert null an. Verteuerung ist schlimmer als Vergünstigung, denn erstere steht für Verarmung, letztere für Wohlstandswachstum. Alle Vertreter der Wiener Schule standen einer inflationären Politik ablehnend gegenüber, da Inflation eine versteckte und damit besonders unehrliche Steuer ist, die sparsame Menschen bestraft und Politikgünstlinge belohnt. Darum ist Inflation politisch so beliebt, und es wird bewusst Angst vor Deflation gemacht – wobei fälschlicherweise sinkende Preise mit krisenhafter Geldmengenkontraktion gleichgesetzt werden.

# Warum führt Inflation zu ungerechter Umverteilung?

Inflation führt zum Cantillon-Effekt: Die neu geschöpfte, ungedeckte Geldmenge erreicht nicht alle Menschen zum selben Zeitpunkt. Vielmehr tritt sie an den Zentren der Geldmengenausweitung in den Geldkreislauf ein und sickert erst allmählich durch die gesamte Gesellschaft, wodurch sich die Erstbezieher des neuen Geldes auf Kosten der Letztbezieher bereichern. Denn die Erstbezieher können mit dem neu geschaffenen Geld zu den alten, niedrigen Preisen einkaufen und erfahren derart einen realen Einkommensanstieg. Diesen Vorgang vergleicht Friedrich von Hayek mit dem Ausgießen eines dickflüssigen Honigs, der sich ungleichmäßig verteilt und an der Stelle des Auftreffens einen kleinen Hügel, symbolhaft für die steigenden Löhne und Preise, bildet. Dieser Anstieg der Realeinkommen ist jedoch unverdient, weil er nicht die höhere Produktivität der Branche reflektiert, sondern allein auf die relative Positionierung innerhalb der Geldempfängerkette zurückzuführen ist. Die Letztbezieher sehen sich mit steigenden Preisen konfrontiert, während die Nominaleinkommen dieser Bevölkerungsgruppe noch nicht nachgezogen sind. Das Realeinkommen sinkt. Mit Fortdauer der Inflation driften daher die Einkommen und Vermögen immer weiter auseinander.

# Wann kommt es zu einer Hyperinflation?

Hyperinflation tritt ein, wenn eine Flucht aus dem Geld in Sachwerte einsetzt, weil die Bevölkerung erkennt, dass der der Inflation geschuldete Preisanstieg von Dauer ist, und sie eine immer weitere Zunahme der Geldentwertung erwartet. Die Flucht aus dem Geld wird dann zur selbsterfüllenden Prophezeiung, sie führt zu weiterer Geldentwertung und bewegt weitere Menschen zum Abstoßen von Geld, bis der Geldwert unter den Brennwert des Geldes fällt und die Menschen realisieren, dass es günstiger ist, die Papierscheine zu verheizen, als damit Brennstoffe zu kaufen.

# Was ist gutes Geld?

Gutes Geld ermöglicht in günstiger und nachhaltiger Weise seinen Nutzern drei Funktionen: die Tauschfunktion, die Wertaufbewahrungsfunktion und die Wertmess- bzw. Standardfunktion. Bislang am besten waren dazu Edelmetalle oder auf Edelmetallen beruhende Werttitel geeignet. Die erste Funktion stiftet Gesellschaft, denn gutes Geld verbindet einander fremde und misstrauende Menschen als anonymer und reiner (»Geld stinkt nicht«) Wertträger. Die zweite Funktion macht aus gutem Geld einen Energiespeicher, der es Menschen erlaubt, mit ihren Kräften über ihre Lebenszeit hinweg hauszuhalten und materielle Unabhängigkeit zu erlangen. Die dritte Funktion erlaubt wirtschaftliche Kalkulation und damit die effiziente Verwendung knapper Ressourcen in bestmöglicher Übereinstimmung mit den Wünschen und Vorstellungen der Menschen.

# Was macht Gold und Silber so besonders?

In den unterschiedlichen Kulturkreisen haben zunächst verschiedene Waren die Funktion des Geldes übernommen, und zwar jene, die sich in den Augen der Menschen unter allen verfügbaren Waren am besten als Geld eigneten: Kabeljau in Island, Federn in Mexiko, Tabak in Virginia, Zucker auf den Karibischen Inseln, Datteln in Oasen, Zigaretten in Gefängnissen, Edelmetalle in vielen Regionen. Die Internationalisierung der Handelsströme löste sodann unter den zahlreichen Tauschmitteln einen weltweiten Wettbewerb um die Gunst der Marktteilnehmer aus, den die beiden Edelmetalle Silber und Gold für sich entschieden. Deswegen standen Währungsbezeichnungen wie Dollar, Pfund und Mark ursprünglich für eine bestimmte Menge Gold oder Silber mit einem festgeschriebenen Feingehalt. So entsprachen Mitte des 19. Jahrhunderts 20 US-Dollar einer Feinunze Gold und eine Kölner Mark 233,856 g Silber. Aufgrund der langen Vorgeschichte als Geldgüter ist der gehortete Bestand an Edelmetallen sehr hoch im Vergleich zur jährlichen Fördermenge, sodass sich Veränderungen der Förderung im Gegensatz zu anderen Gütern kaum auswirken.

# Banken

# Was sind Banken?

Als Banken bezeichnet man jene Finanzinstitutionen, die im Wesentlichen eine Vermittlungsfunktion zwischen Anbietern und Nachfragern von Ersparnissen betreiben. Die Bank nimmt dabei zunächst Ersparnisse von wirtschaftlichen Akteuren als Kundeneinlagen auf und leitet diese dann als Kredite an Privatpersonen oder Unternehmen für Konsum- oder Investitionszwecke weiter. Man spricht dabei erstens vom Hinterlegungs- und Verwahrungsgeschäft und zweitens vom Vermittlungsgeschäft.

Neben diesen beiden Grundfunktionen wird einer modernen Geschäftsbank auch die ausreichende Versorgung der Wirtschaft mit Krediten als Aufgabe zugewiesen. Dabei geht die Bank über ihre Vermittlungsfunktion – die sowohl die Transaktionskosten als auch das Risiko zwischen Kreditgebern und Kreditnehmern verringern soll – hinaus und wird selbst zum Anbieter von Krediten. Dabei erhöht die Bank die auf natürliche Weise angesammelten Ersparnisse von Haushalten und Unternehmen um künstlich geschaffene Geldguthaben, die als zinstragende Kredite in den Wirtschaftskreislauf einfließen.

# Womit verdienen Banken heute ihr Geld?

Moderne Banken agieren heute in der Regel als sogenannte Universalbanken. Das bedeutet, dass sie sowohl als Kommerzbanken das Einlagen- und Kreditgeschäft betreiben als auch als Investmentbanken mit Wertpapieren handeln. Im kommerziellen Einlagen- und Kreditgeschäft verdienen die Banken, neben Gebühren für Kontoführung und Zahlungsverkehr, im Wesentlichen an der Zinsspanne zwischen dem Einlagezins für aufgenommene Kundengelder (Passivgeschäft) und dem Kreditzins für vergebene Darlehen an Kreditnehmer (Aktivgeschäft). Dieser bemisst sich nach der Bonität (Kreditwürdigkeit) des Kreditnehmers: Je schlechter die Bonität, desto höher ist der Kreditzins und somit auch der potenzielle Ertrag der Bank aus dem Geschäft. Um die Solvenz der Bank nicht zu gefährden, achten Kommerzbanken grundsätzlich auf ein ausgewogenes Risiko-Rendite-Verhältnis in ihrem Kreditportfolio.

Zwischen den 1950er- und 1980er-Jahren lief das Kommerzbankgeschäft unter der sogenannten *3-6-3 Rule.* Diese Regel beschrieb den sicheren und unaufgeregten Tagesablauf von Bankmitarbeitern, deren einzige Aufgabe es war, Einlagen zu drei Prozent Zins aufzunehmen und zu sechs Prozent weiterzuverleihen, wodurch folglich bereits um drei Uhr nachmittags der Abschlag vom ersten Golfloch möglich war (3-6-3). Dies änderte sich in den 1980er-Jahren grundlegend, als diverse Finanzinnovationen in Verbindung mit regulativen Fehlanreizen begannen, die Risikoneigung von Kommerzbanken systematisch zu erhöhen. In den USA agieren Kommerzbanken im Wertpapiergeschäft seit Ende der 1990er-Jahre, als die Trennung zwischen einerseits dem Einlagen- und Kreditgeschäft und andererseits dem Wertpapiergeschäft aufgehoben wurde. Daraufhin stieg die Risikobereitschaft der Banken weiter, da nun auch Kundengelder zur Veranlagung auf Wertpapiermärkten verwendet werden konnten. In Europa hat es formell keine Trennung von Kommerzbanken und Investmentbanken gegeben, die erhöhte Risikoneigung kam aber erst durch die von den USA ausgehenden Finanzinnovationen der späten 1990er- und frühen 2000er-Jahre. Dies ermöglichte Banken bislang ungeahnte Renditemöglichkeiten. Das Bankgeschäft wurde zu einem Wettlauf nach Renditen und erhöhte damit sowohl das Liquiditäts- als auch Insolvenzrisiko der Banken.

# Wie inflationieren Banken?

Dass Banken heute selbst inflationieren, also die ungedeckte, nicht durch reale Ersparnisse gebildete Geldmenge erhöhen können, liegt am Geschäftsmodell der sogenannten Teilreservehaltung von Einlagen. Dieses System ist auf die Auffassung zurückzuführen, Banken müssten eine ausreichende Versorgung der Wirtschaft mit Krediten sicherstellen. Das Teilreserve-System gestattet den Banken, nur einen Teil der Sichtguthaben als Sicherheit für einen neuen Kredit zu hinterlegen. Dies bedeutet, dass beispielsweise bei einem Mindestreservesatz von 10 Prozent bei einer Einlage von 100 Euro nur 10 Euro als Sicherheit zurückbehalten werden müssen, die restlichen 90 Euro jedoch als Kredit vergeben werden können. Durch diesen Vorgang wächst die Geldmenge inflationär um 90 Euro an. Der österreichische Ökonom Joseph Schumpeter bezeichnete dies als Kreditgeldschöpfung *ex nihilo* – aus dem Nichts. Diese Geschäftspraxis ist insofern problematisch, als die Bank gegenüber dem Einleger die jederzeitige Auszahlung des Sichtguthabens versprochen hat, dieses aber zum größten Teil (in unserem Beispiel 90 Prozent) als Kredit verliehen hat. Die inflationär geschöpften Kontoführungsguthaben übersteigen in einem System der Teilreservehaltung somit systematisch die Barmittel der Bank.

Die Inflationsspirale des Teilreserve-Bankensystems ist durch den Mindestreservesatz und dessen Kehrwert, den sogenannten Geldmengenmultiplikator, begrenzt. In unserem Beispiel können somit aus einer ursprünglichen Einlage von 100 Euro insgesamt 1.000 Euro an zusätzlichem Kreditgeld geschaffen werden: Das Zehnfache ist der Kehrwert von einem Zehntel (zehn Prozent). Dieses Geschäftsmodell erklärt die notorisch niedrigen Eigenkapitalquoten von Banken und die damit verbundene Instabilität des gesamten modernen Bankwesens.

# Ist eine Bankgründung wirklich ein größeres Verbrechen als ein Banküberfall?

Nach Analyse des Geschäftsmodells einer modernen Kommerzbank kommt der strenge Kritiker unweigerlich zum Schluss, dass sich Banken durch die Produktion von Geld aus dem Nichts quasi auch eine Einkommensmöglichkeit aus dem Nichts schaffen. Mit einem Überfall haben wir es nicht zu tun, die Geldschöpfung der Banken wäre ein freiwilliges Angebot – wenn nicht das staatliche Gewaltmonopol und die privilegierte Zentralbank Giralgelder der Banken gleich wie staatliches Papiergeld behandeln und privilegieren würden.

Die Schöpfung von künstlichem Kreditgeld kann als Verletzung von Eigentumsrechten gewertet werden und damit als eine Art Diebstahl, wie dies einige zeitgenössische Vertreter der Wiener Schule tun. Nach deren Argumentation können zwei wirtschaftliche Akteure – der Deponent der Sichteinlage auf der einen Seite und der Kreditnehmer auf der anderen Seite – nicht zur gleichen Zeit exklusive Eigentümer derselben Sache sein. Die Bank würde die Eigentumsrechte des Deponenten verletzen, indem sie einer dritten Person (dem Kreditnehmer) ebenfalls Verfügungsgewalt über das hinterlegte Geldvermögen einräumt.

Das Geschäft des Teilreserve-Systems ist dann keine Verletzung von Eigentumsrechten, wenn wir das hinterlegte Geld nur als »Gattungsschuld« im Sinne des Schuldrechtes definieren. Es würde sich demnach nur um ein Schuldverhältnis über eine Sache (in unserem Beispiel die hinterlegten 100 Euro) handeln, die nur nach allgemeinen Merkmalen geschuldet wird. Die konkreten Geldeinheiten, die der Deponent hinterlegt hat, würden demnach nur nach ihrem Wesen geschuldet und wären nicht notwendigerweise in derselben Form oder mit derselben Kaufkraft zurückzuzahlen.

Eine Bankgründung ist heute keine rein marktwirtschaftliche Angelegenheit mehr, sondern ein komplizierter politischer Prozess zum Erlangen eines staatlichen Privilegs. Der Wettbewerb unter Banken diszipliniert Banken noch etwas, staatliche *bail-outs* hingegen zerstören diese Marktdisziplin vollends. Banken sind also nur zum Teil marktwirtschaftliche Dienstleister, die für ihren freiwilligen Kunden Wert schaffen – in diesem Ausmaß sind sie besser als Bankräuber –, sie können aber auch in gewissem Ausmaß als Hehler betrachtet werden. Schuld an den begangenen Verbrechen an den Sparern sind allerdings das auf staatliche Gewalt gestützte Geldsystem, die Privilegierung und Umverteilung; darum wäre es übertrieben, die Bankiers selbst als Räuber zu betrachten. Der moralische Makel, der auf ihren Geschäften lastet, wächst allerdings.

# Gibt es Alternativen zum Bankenkartell?

Es gibt keinen sinnvollen Grund, das Bankengeschäft anders als andere Marktangebote zu behandeln. Paradoxerweise war die Bankenlandschaft vor der staatlichen Regulierung, die eigentlich die Einleger schützen soll, stabiler. Einzelne Banken kollabierten, so wie Unternehmen stets in den Bankrott gehen können, doch die Kunden hatten dadurch auch Anreize, ihre Bankdienstleister sorgfältig auszuwählen. Ohne das staatlich gestützte Kartell wäre der Wettbewerb höher, die Finanzdienstleister wären dadurch effizienter und innovativer – wie es sich im digitalen Bereich langsam zeigt. Ohne die Bereicherung durch Inflationierung würden sie von Gebühren leben, für die sie ihren Kunden realen Gegenwert bieten müssten, oder von Zinsdifferenzen durch geschickte Kreditvermittlung – wie heutige digitale P2P-Plattformen. Der Finanzbereich wäre wesentlich kleiner und lebensnäher, kleine innovative Anbieter würden den großen zusetzen, und die Vielfalt wäre größer. Die Regulierung hat genau gegenteilige Folgen: Das Risiko wird von einzelnen Banken und ihren Kunden auf alle Steuerzahler und Sparer abgewälzt, sodass Banken kaum Anreize haben, sich durch höhere Sicherheit und Liquidität von Mitbewerbern abzuheben.

# Konjunktur-
# zyklus

# Was ist ein Konjunkturzyklus?

Als Konjunkturzyklus wird die typische Abfolge von inflationärem Aufschwung und deflationärem Abschwung bezeichnet. Während der letzten Jahrhunderte war die Wirtschaftsgeschichte von dieser Abfolge geprägt, die nach einem Zyklus – einem Kreislauf – aussieht. Hausse und Baisse, Boom und Bust, Hochkonjunktur und Depression sind Bezeichnungen für die zwei konträren Phasen des Konjunkturzyklus: Auf eine Phase wirtschaftlicher Hochstimmung, in der Konsum und Investitionen florieren, folgt eine Phase wirtschaftlicher Abkühlung oder gar schockartiger Krisen mit steigenden Arbeitslosenzahlen, Unternehmenskonkursen und Zahlungsausfällen.

# Was ist eine Wirtschaftskrise?

Eine Wirtschaftskrise ist die plötzliche Aufdeckung überraschend vieler Wirtschaftsirrtümer: Unternehmer haben ihre Profitabilität falsch eingeschätzt, Schuldner haben ihr Einkommen falsch eingeschätzt, Gläubiger haben deren Zahlungsfähigkeit falsch eingeschätzt und so weiter. Irrtümer sind völlig normal im Wirtschaftsgeschehen, abnormal ist die plötzliche Verdichtung und Häufung von Irrtümern. Man kann eine Wirtschaftskrise also nicht aus sich heraus verstehen, sondern nur aus den oft lange im Vorhinein angesammelten Irrtümern und Täuschungen über die wirtschaftliche Entwicklung und Realität.

# Ist ein Konjunkturzyklus nicht ein natürliches Phänomen?

Aus natürlichen Phänomenen, etwa klimatischen Veränderungen, technischen Entwicklungen und landwirtschaftlichen Mustern, lässt sich lernen. Zyklen werden daher in der Regel nicht wiederholt: Die Marktteilnehmer stellen sich auf Veränderung ein und lernen damit umzugehen. Ernteschwankungen haben in entwickelten Märkten kaum mehr eine Folge für die Preise. Als die Diskette verschwand, mussten einige Unternehmen schließen, aber das ist völlig natürlich – solcher Wandel führt zu keinen unnatürlichen Krisen, denn die Marktteilnehmer haben die besten Anreize, Veränderungen zu antizipieren und vorsichtig zu agieren. Die ständige Wiederholung des Konjunkturzyklus ist nur durch systematische Realitäts- und Anreizverfälschung zu erklären. Wir müssen erklären, warum ausgerechnet in dieser einen Hinsicht die Marktteilnehmer nicht dazulernen.

# Wer ist schuld am Konjunkturzyklus?

Der Konjunkturzyklus wird ausgelöst durch Inflation, die Ausweitung der ungedeckten Geldmenge. Dieser Prozess ist einerseits eine Realitätsverfälschung, denn die Zinssätze – die zu den wichtigsten Marktpreisen überhaupt zählen – entfernen sich nun von der Realität der wirklichen Präferenzen, Ersparnisse und Güterbestände der Menschen. Im Zuge des Cantillon-Effekts werden nach und nach auch alle anderen Preise verfälscht. Es kommt zu massiven Fehlallokationen – Allokation nennt man die Entscheidung über Güteranordnung und Gütereinsatz. Doch diese Fehlallokationen sind während der Inflation für die Marktteilnehmer keine Fehlentscheidungen, sondern lukrativer Erfolg. Die Inflation führt daher zu einer Anreizverfälschung. Unternehmer verdienen nicht mehr daran, die Güter im Sinne der Konsumentenpräferenzen einzusetzen, sondern an verzerrter Güterallokation. Solange die Inflation fortgesetzt wird, würde jeder Marktteilnehmer, der sich auf die Realitätsverzerrung nicht einlässt, gegen seine eigenen Interessen handeln. Die Inflation ist aber nicht beliebig fortsetzbar und steuerbar. Die Verzerrungen führen zu einem Wirtschaftswachstum, das nicht nachhaltig ist, sondern irgendwann in Kapitalkonsum mündet. Die inflationierte Produktivität kippt irgendwann, bei abnehmender realer Produktivität sinkt die Fähigkeit der Wertschöpfung und Schuldenrückzahlung. Schuld an der verzerrenden Dynamik des Konjunkturzyklus sind kurzfristige Politiker, die sich günstiger verschulden wollen, kurzfristige Industrie- und Bankmanager, die in wirtschaftlichen Blähphasen absahnen, kurzfristige Zentralbankiers, die als Handlanger der Politik dienen, sowie alle Inflationsgünstlinge, deren Begehrlichkeiten nur durch eine wachsende Geldmenge gestillt werden können.

## Wie sehen das die heutigen Zentralbanken – und wo liegen sie falsch?

Heutige Zentralbanken rationalisieren ihre Rolle als verantwortungsbewusste Stabilitätshüter, die erst dann die Märkte durch Liquidität fluten, wenn sich eine Krise andeutet. Sobald das Vertrauen in die »Märkte« wiederhergestellt sei, würden sie diese Liquidität wieder behutsam absaugen. Das Zeichen, dass genügend Liquidität vorhanden sei, sehen sie in der Teuerungsrate. Sobald diese willkürliche statistische Maßzahl eine willkürliche Schwelle überschreitet, stoppen die Zentralbanken die Geldflutung.

Das Problem liegt einerseits darin, dass die Teuerung auch bei exponentieller Geldmengenerhöhung stark nachhinken kann, wenn die Liquidität nicht in die Realwirtschaft fließt. Paradoxerweise schafft die Zentralbankenpolitik selbst künstliche Nachteile für realwirtschaftliche Akteure und künstliche Vorteile für finanzwirtschaftliche Akteure.

Ohne die Geldmengenplanwirtschaft wären Real- und Finanzwirtschaft zwei sich gegenseitig bedingende Seiten, zwischen denen kein wesentlicher ökonomischer, moralischer oder politischer Unterschied bestünde. Durch die planwirtschaftlichen Verzerrungen entsteht eine Parallelwelt, die sich von der Realwirtschaft löst.

Die Zentralbank hintertreibt ihre eigene Prämisse: Je mehr sie interveniert, desto weniger ist Teuerung ein sinnvoller Indikator – desto mehr aber interveniert sie und befindet sich damit in einer Interventionsspirale. Das Verheerende ist, dass diese Spirale für die Wirtschaft selbst ein Teufelskreis ist, denn die wachsende Liquidität kann nicht einfach wieder abgezogen werden. Sie verursacht immer größere Verzerrungen, die durch spätere deflationäre Zentralbankpolitik nicht wiedergutgemacht, sondern nur aufgedeckt und verschärft werden.

Die Logik der Zentralbanken entspricht der eines Dealers, der dem Junkie verspricht, die Drogen dann wieder aus seinem Blut zu saugen, wenn er keine Drogen mehr braucht – Entzugsfolgen aber nur durch weitere Drogenschübe lindern kann.

## Was müsste eine verantwortliche Zentralbank tun?

Es ist eine massive Selbstüberschätzung von Politik und Zentralbankiers, Geld planwirtschaftlich steuern zu wollen. Das Ende des Geldsozialismus würde zu einem Wettbewerb um besseres Geld führen. Aus Verantwortung heraus könnten bisherige Zentralbankiers dabei Unternehmern behilflich sein. Das bislang ausgegebene Geld könnte während einer Konsolidierungsphase in Zentralbank-Anteilsscheine umgewandelt werden. Die Zentralbank könnte sich als unabhängige Prüfstätte für gutes Geld rehabilitieren, so wie es einst offene Münzstätten waren, die Edelmetalle ausprägten.

# Unternehmertum

# Was ist die Aufgabe von Unternehmern?

Unternehmer entscheiden über den Einsatz von knappen Gütern in Produktionsstrukturen. Auf der Grundlage ihrer Vorstellung von der Zukunft gehen sie Wagnisse ein, die ein Verlustrisiko bedeuten, wenn sich die reale Zukunft von ihren Vorstellungen unterscheidet. So schultern Unternehmer Ungewissheit in größerem Ausmaß als andere, denn sie haben den Produktionseinsatz von knappen Gütern zu verantworten, nicht nur die Konsumverwendung.

Die Verwendung von Gütern in der Produktion verknappt sie für den Konsum. Nur wenn den Unternehmern eine höhere Wertschöpfung gelingt, weil sie etwas wagen, das andere nicht erkennen, sich nicht zutrauen oder nicht vermögen, ist reichlicherer Konsum und damit Wohlstand möglich. Nur in diesem Fall profitieren Unternehmer, indem die geschaffenen Güter den anderen Marktteilnehmern wertvoller sind als die aufgebrauchten Güter. Sonst tragen sie einen persönlichen Verlust, also eine direkte Wohlstandseinbuße, die falsche Vorstellungen über die Zukunft bestraft, die zu falschem Mitteleinsatz führten.

# Was zeichnet gute Unternehmer aus?

Jeder Mensch ist im weitesten Sinne Unternehmer, denn die Zukunft ist für alle ungewiss, und unsere Arbeitskraft selbst ist ein knappes Gut, das wir nach unseren ungewissen Zukunftsvorstellungen einsetzen. Im engeren Sinne Unternehmer sind jedoch nur jene, die eigene Güter aufs Spiel setzen (Geld, Kapitalgüter, aber auch Reputation, Kontakte etc.), um sie in Produktionsstrukturen einzusetzen. Diese Unternehmer haben vielfältige Hintergründe. Zum Unternehmertum gehört die Gabe, Muster gut zu erkennen und weder feige noch tollkühn zu sein, sondern gut mit Ungewissheit umgehen zu können, das heißt Entscheidungen auch bei mangelndem Wissen fällen zu können.

## Woher kommen Profite? Zahlen die Kunden oder Mitarbeiter für diese?

Profit ist die Preisspanne zwischen der Zahlungsbereitschaft der Kunden und den Kosten für die Produktionsfaktoren. Diese Spanne entsteht dadurch, dass die Wirtschaft niemals im Gleichgewicht ist, sondern in einem Entdeckungsprozess, bei dem Marktteilnehmer laufend ihre Erwartungen und Präferenzen ändern. Im Gleichgewicht gäbe es keine Profite, da die Zahlungsbereitschaft bekannt und völlig in die Kosten der Produktionsfaktoren eingepreist wäre (abgesehen von einer kleinen Zinsdifferenz). Profite sind gewissermaßen der Finderlohn für das Auffinden von Wertschöpfungsmöglichkeiten. Ein Unternehmer entdeckt, dass Produktionsfaktoren unterpreist, das heißt zu billig sind im Vergleich zum möglichen Wert, den diese hervorbringen können. Zu niedrig sind Preise dann, wenn Marktteilnehmer etwas übersehen. Je mehr Unternehmer von diesen Profitmöglichkeiten angelockt werden, desto geringer die Profite, bis sie völlig verschwinden. Unternehmer sind also das Marktinstrument, um die Verwendung knapper Güter möglichst gut den Präferenzen und Vorstellungen der Menschen anzupassen.

# Was sind Anreize?

Preisunterschiede bedeuten Profitmöglichkeiten. Die meisten Menschen werden davon gelockt, etwas für sie Wertvolles billiger kaufen zu können oder etwas von ihnen Hervorgebrachtes teurer verkaufen zu können. Das liegt daran, dass in einer arbeitsteiligen Marktwirtschaft höhere Liquidität (höhere Kaufkraft) ein ziemlich universelles Mittel ist, um menschliche Ziele zu erreichen – egal, ob egoistisch oder altruistisch. Daher sind Profitmöglichkeiten Anreize: Je höher sie subjektiv eingeschätzt bzw. erkannt werden, desto mehr Menschen versuchen, sie zu erzielen. Anreize sind Antworten auf die Frage *cui bono?* – wem nützt etwas? Wege, die mehr Geld, Prestige oder Macht bedeuten, locken verhältnismäßig mehr Menschen an, sie zu beschreiten. Das liegt daran, dass Geld, Prestige oder Macht universelle Mittel sind, die für die unterschiedlichsten Menschen mit den unterschiedlichsten Zielen nützlich sind.

# Kann man durch Anreize das Verhalten von Menschen vorhersagen?

Ob ein einzelner Mensch einem Anreiz folgt, kann nicht vorhergesagt werden. Es gibt keine wirtschaftlichen oder materiellen Determinanten. Unzählige Menschen wählen Wege, die weniger Geld, Prestige oder Macht für sie bedeuten. Je mehr Menschen wir betrachten, desto vielfältiger sind die Ziele und desto größer die Wahrscheinlichkeit, dass einzelne Menschen sich hinsichtlich eines Mittels an der Kippe des Handelns befinden (das Prinzip des Marginalismus). Aufgrund der Gesetze des abnehmenden Grenznutzens und des zunehmenden Gesamtnutzens ist es wahrscheinlich, dass einzelne Menschen sensibel hinsichtlich der Mittelunterschiede verschiedener Wege sind.

Wenn der Preis für eine Tasse Kaffee steigt, gibt es gewiss einen Menschen, der sein Verhalten überhaupt nicht ändert – für den das Ziel des Kaffeegenusses noch höher bewertet ist als die anfallenden Kosten. Je mehr Menschen wir betrachten, desto höher ist die Wahrscheinlichkeit, dass es Einzelne gibt, für die der Grenznutzen des Kaffeegenusses bei einer Preiserhöhung nicht mehr ausreichend ist, um den Preis »wert zu sein« – diese Menschen ändern ihr Verhalten, was wir beobachten können.

Diese Änderungen sind Tendenzen, keine Gesetze: Je mehr Menschen wir beobachten, desto mehr werden darunter sein, die hinsichtlich der Anreize – also möglichen Preis-, Prestige- oder Machtunterschieden – sensibel sind und ihr Verhalten ändern. Dann ist eine Vorhersage möglich nach der Art: Wenn der Preis steigt, sinkt – in der Tendenz – die Nachfrage.

# Politik

## Warum waren so viele Vertreter der Wiener Schule Adelige?

Die meisten historischen Vertreter der Wiener Schule entstammten dem hohen Bürgertum, das für besondere unternehmerische und philanthropische Leistungen in den Verdienstadel erhoben worden war. Carl Menger verzichtete später auf Führung seines Adelstitels, weil er dem alten Adel der kaiserlich-königlichen (K.-u.-k.-) Monarchie sehr kritisch gegenüberstand: So half er Kronprinz Rudolf bei einer anonymen Schrift (oder verfasste sie gar selbst), in der die passive und wenig verantwortungsvolle Rolle des Adels scharf kritisiert wurde.

Wie viele Unternehmer freuten sich die Eltern und Großeltern der Vertreter der Wiener Schule über eine akademische Karriere und spätere Beamtenlaufbahn ihrer Söhne. Damit war die Wiener Schule leider auch symptomatisch für den Niedergang des Wiener Unternehmertums. Wie auch heute wollten Unternehmer es ihren Kindern leichter machen und den sozialen Aufstieg sichern – was leider stets Anbiederung an die bestehenden Verhältnisse bedeutet. Zumindest aber begünstigte der familiäre Bezug der historischen Vertreter der Wiener Schule zum Unternehmertum wohl eine realistische Deutung und Würdigung der wirtschaftlichen Funktion des Unternehmers.

# Ist die Wiener Schule eine Denkrichtung von Finanzeliten, Juden und der Bourgeoisie?

Die Versuche, Argumente *ad personam* zu entkräften, also durch Herabwürdigung ihrer Vertreter, kehren leider immer wieder. Natürlich ist es nicht falsch, ein Auge auf Interessen, Mentalitäten und Anreize zu haben. Doch die Ökonomik leidet besonders darunter, dass ihre Vertreter als Botschafter unangenehmer Wahrheiten angeklagt werden. Schon lange gilt sie als *dismal science*, als »ungute Wissenschaft«.

Die Hintergründe und Biografien der Vertreter der Wiener Schule sind sehr vielfältig. Gewiss, unter den Vertretern der Wiener Schule finden sich viele Männer, viele Bürgerliche und viele Juden. Sie förderte aber auch die ersten Ökonominnen der Welt, propagierte niemals Klasseninteressen und bemühte sich um Wertneutralität und Universalität.

Carl Menger wurde als »Jude« beschimpft, obwohl er (agnostischer) Katholik war – nur, weil er sich entschieden gegen den aufkommenden Antisemitismus wandte. Er wurde als Vertreter der Finanzelite beschimpft, weil er einen Goldstandard befürwortete, dabei trieb ihn aber vorwiegend die Sorge um die Ersparnisse der kleinen Leute, und er stand in großer Opposition zu den Interessen vieler Banken. Zeit seines Lebens zeigte er großes soziales Engagement für die Ärmsten.

Ludwig von Mises, der einer jüdischen Familie entstammte, die für ihr philanthropisches Engagement bekannt war, kritisierte später diesen Dauerverdacht, den er Polylogismus nannte. Er meinte damit die Auffassung, dass es für jede Klasse, Rasse und Religion eine eigene Logik gäbe und damit jeder Diskurs sinnlos wäre. Er sah die Vernunft als Gabe, die Menschen verbinden könnte. Doch wenn den Menschen die vernünftigen Argumente ausgehen, ziehen sie oft die Lüge, Schmähung und gewaltsame Unterdrückung abweichender Ansichten vor.

Die Hoffnung von Menger und Mises, dass sich die besseren Argumente durchsetzen würden, dass sich im offenen Diskurs Einigkeit über die Realität herstellen ließe, erfüllte sich leider nicht. Der Erfolg gebildeter Juden im akademischen Bereich, die früher als andere Bevölkerungsgruppen alphabetisiert waren und in Handwerken nicht reüssieren durften, wurde als Verschwörung ausgelegt. Der wachsende Wohlstand im bürgerlichen Zeitalter, als Unternehmer und nicht nur Raubritter zu Vermögen kamen, weckte die Ungeduld und den Neid. Im Wahnsinn des 20. Jahrhunderts ging alles zugrunde. Bis heute führen Ideologen einen erbitterten Kampf gegen die Realität. *Do not shoot the messenger*, sagt man auf Englisch.

# Wer finanzierte und finanziert die Wiener Schule?

Immer schon war das materielle Bestehen der Wiener Schule hauptsächlich durch die asketische Ader ihrer Vertreter möglich, die Fähigkeit, mit geringen Mitteln auszukommen. Kurz gelangten Vertreter der Wiener Schule gegen Ende der Donaumonarchie zu Ruhm und Spitzengehältern, manche hatten auch privat großen beruflichen und finanziellen Erfolg. Später fanden sich in den USA einzelne Unternehmer und Mäzene, die Vertreter der Wiener Schule finanziell unterstützten. Im Vergleich zu den staatlichen Aufwendungen im Bildungsbereich waren diese Mittel immer verschwindend gering. Diese privaten Mäzene motivierte die Sorge vor einer faschistischen Entwicklung in den USA unter der Präsidentschaft Franklin Roosevelts.

Im Zuge der wachsenden Politisierung und Polarisierung der USA flossen mehr Gelder in verzerrte und abgespeckte Bruchstücke der Wiener Schule, die für neokonservative Agenden brauchbar schienen. In den USA fließen allen Politikern und Ideologien Gelder zu, oft aus denselben Quellen zu völlig konträren Lagern. Es herrscht ein gewisser Finanzierungspragmatismus, der leider das Denken korrumpiert. Der Missbrauch von Aspekten der Wiener Schule für neokonservative Meinungsmache hat zwar die Bekanntheit mancher Vertreter gemehrt, aber großen Schaden an dieser Tradition angerichtet. Diese selektive Mischung, die *als free market economics* gesponsert wird, hat die Wiener Schule durch Ignorieren der Geld- und Konjunkturzyklustheorie entkernt und Ideenfetzen herausgelöst, die mit Monetarismus und Neoklassik kombiniert und um wuchtige Rhetorik ergänzt wurden. Insgesamt ist das Finanzvolumen, das in dieses Gemisch geht, noch immer gering im Vergleich zur Subventionierung offen antimarktwirtschaftlicher Positionen, beschädigt aber Idee und Begriff der Marktwirtschaft, die immer mehr zu einem Synonym für Korporatismus wird.

Friedrich von Hayek empfahl einst Unternehmern, die ihn fragten, was sie beitragen könnten, als private Mäzene die Vermittlung ökonomischen Grundwissens an die klügsten, jungen Köpfe zu ermöglichen. Diese Strategie wurde missverstanden. Heutige »Think-Tanks« werden von den Klügsten in aller Regel nicht ernst genommen, da sie fertige Schlussfolgerungen, die den Interessen ihrer Geldgeber entsprechen, breitenwirksam aufbereiten und damit Politiker, Journalisten und andere Systemtrottel, auf deren Niveau sie sich begeben müssen, adressieren. Wenn junge Menschen adressiert werden, dann vorwiegend Karrieristen und Funktionärstypen. Mit dem Erkenntnisdrang der Wiener Schule hat derartiger Lobbyismus nichts zu tun. Doch es stehen teilweise durchaus gute Intentionen dahinter: nämlich der öffentlichen Meinung und den politischen Entscheidungsträgern verzweifelt ein wenig mehr unternehmerischen Freiraum abzuringen. Diese Verzweiflung ist angesichts des weitgehend ignorierten, aber dominanten etatistischen Lobbyismus verständlich – die Lobby jener wachsenden Mehrheit, die auf Kosten ihrer Mitmenschen lebt.

# Ist die Wiener Schule (neo-)liberal oder (neo-)konservativ?

Die Vertreter der Wiener Schule bemühten sich in der Regel um Wertneutralität und politische Unabhängigkeit. Die meisten historischen und praktisch alle heutigen Denker dieser Tradition hatten und haben persönlich eher liberale Ansichten. Diese Ansichten bedeuten eine Präferenz für die drei Postulate des klassischen Liberalismus: Freiheit, Freihandel und Friede. Die abgelehnten Gegensätze sind Totalitarismus, Planwirtschaft und Krieg.

Die Mehrheit der historischen Vertreter war tendenziell in der damaligen politischen Linken oder Mitte einzuordnen, einige hatten sozialistische Sympathien, manche konservative. Der klassische Liberalismus des 19. Jahrhunderts, für den etwa die österreichische Verfassungspartei stand, in deren Reihen Carl Menger kurz Abgeordneter war (bis er sich von der Fraktion als Unabhängiger löste, da der parteipolitische Liberalismus immer kompromittiert war), verschwand praktisch rückstandsfrei nach kurzer Zeit. Die wachsende Polarisierung ließ nur noch Platz für Spielarten des Totalitarismus. Die Verfassungspartei versuchte durch deutschnationalen, antislawischen und antikatholischen Populismus Pfründe zu halten, konnte aber gegen die radikaleren Parteien nicht bestehen. Die letzten Liberalen, die sich vulgärem Antislawismus und Antisemitismus verweigerten, nannte man spöttisch »Altliberale«. Ludwig von Mises war der letzte österreichische Altliberale von Format.

In Unkenntnis dieser österreichischen Verhältnisse schlugen deutsche Ökonomen nach den Weltkriegen zur Abhebung vom diskreditierten Altliberalismus den Begriff »Neoliberalismus« vor. Der bedeutendste Denker dieses Neoliberalismus war Wilhelm Röpke, der in Genf von Mises gelernt hatte und zum wichtigsten intellektuellen Mentor für Ludwig Erhard wurde. Röpke wollte nach dem Ende des Liberalismus im Blutvergießen des 20. Jahrhunderts einen liberalen Neubeginn. Diesen wollte er von einigen Fehlern des klassischen Liberalismus abheben, darum »neo«: Die Fehler lagen für Röpke vor allem im überzogenen Antiklerikalismus, Rationalismus und Ökonomismus. Letzteres ist der verkürzte Zugang der klassischen Volkswirtschaftslehre, die den Menschen als bloßen *homo oeconomicus* sieht. Dieser Zugang wird heute in völliger Unkenntnis der Ideengeschichte dem vermeintlichen »Neoliberalismus« zugeschrieben, der ein moderner ideologischer Kampfbegriff ist. Ein großer Teil der Kritik, die gegen den »Neoliberalismus« vorgebracht wird (die Kritik gegen Effizienzdiktat, Materialismus, Konsumismus etc.), findet sich paradoxerweise ausgerechnet beim echten Neoliberalen Röpke – nur wesentlich früher, klüger und fundierter.

In den USA wurde der Begriff *liberal* zu einem Synonym für Sozialdemokratismus. Das Parteiensystem hat sich dort – wovor die Gründerväter gewarnt hatten – zu einem Zwei-Pol-Etatismus entwickelt. Der eine Pol benötigt den jeweils anderen als Ausrede. Die Machtausweitung des Zentralstaates zur Bereicherung von Interessengruppen wird dabei durch zwei Motive vorangetrieben: militärischer Interventionismus und sozialpolitischer Interventionismus – kurz: *warfare* oder *welfare*. Da der Liberalismus historisch kriegsfeindlich war, tritt *liberal* in den USA heute als Bezeichnung für Sozialetatismus auf – den Missbrauch der Unterschichten und Minderheiten für politischen Machterhalt und Machtausbau.

Der militaristische Flügel des korrupten Systems muss sich hiervon durch die Logik der zwei Pole abheben, wozu antisozialistische Rhetorik hilfreich ist. Nachdem *liberal* für den einen Pol monopolisiert (und die positive Konnotation des Liberalismus usurpiert) wurde, griff man in den USA auf das historische Gegenetikett *conservative* zurück. Eine konservative Tradition wie in Europa fehlte in den USA, sodass ein inkonsistenter »Neokonservatismus« aus der Fehlbezeichnung herausgedeutet wurde. Dieser verbindet antisozialistische Rhetorik mit Militarismus, Korporatismus und parteipolitischem Kalkül. Friedrich von Hayek wurde aufgrund seines »Nobelpreises« und seiner Kritik am Sozialismus gelegentlich als Säulenheiliger für diese Strömung bemüht, woraufhin er zu seinem Werk *The Constitution of Liberty* ein Nachwort schrieb: »Why I am not a conservative«.

# Ist die Wiener Schule kapitalistisch?

Auch Kapitalismus ist wie Liberalismus und Konservatismus ein politischer und kein ökonomischer Begriff. Er wurde durch die totalitären Strömungen des 19. Jahrhunderts als Kampfbegriff geprägt, der alles, was Beobachtern am kurzen bürgerlichen Zeitalter missfiel, in ein Konzept packte. Kapitalismus ist nach den Sozialisten alles, was kein utopischer Sozialismus ist, daher wird auch jede Kritik am real existierenden Sozialismus damit abgetan, dieser sei kein »echter« Sozialismus, sondern eigentlich kapitalistisch. Kapital ist immer das Vermögen und die Macht, über die vermeintliche »Antikapitalisten« noch nicht verfügen, und Kapitalismus jedes Hindernis bei der Aneignung dieses Vermögens und dieser Macht.

Manche Vertreter der Wiener Schule bekannten sich als Reaktion auf die Absurdität antikapitalistischer Utopien positiv zu dem Begriff. Sie verstehen darunter eine Ordnung, die Kapitalaufbau und damit Massenwohlstand ermöglicht. Kapitalismus bezeichnet dann das Ideal möglichst breiten und nachhaltigen Wohlstands, was sich in der Formulierung von Ludwig Erhard wiederspiegelt: Wohlstand für alle!

Die heutige europäische und amerikanische Wirtschaftsordnung kann in diesem Sinne nicht als Kapitalismus gelten. Es findet nämlich keine Überhöhung des Kapitals statt, sondern eine des Kredits und des Konsums – beides Gegensätze zum Kapitalaufbau. Solche Wirtschaftsordnungen sollte man korrekter als Kreditismus oder Konsumismus bezeichnen.

Wenn das aktuelle verzerrte Geld- und Finanzsystem als »Kapitalismus« bezeichnet wird, dann sind die meisten Vertreter der Wiener Schule eindeutig »Antikapitalisten«. Sie warnten vor den Verzerrungen und Dynamiken bereits, als alle anderen Ökonomen noch keinen Anlass zur Sorge sahen – außer den Ideologen, die immer in Opposition sind, solange sie selbst nicht alles Vermögen und alle Macht für ihre Zwecke einsetzen können. Ludwig von Mises deutete deren »Antikapitalismus« korrekt als pathologische Charakterschwäche von Menschen, die nicht in der Lage sind, ihren Mitmenschen in einer Weise zu dienen, die diese freiwillig honorieren, und sie daher beherrschen wollen.

# Ist die Wiener Schule staatsfeindlich?

Die historischen Vertreter der Wiener Schule identifizierten sich weitgehend mit den Versuchen einer damaligen liberalen Elite, aus der K.-u.-k.-Monarchie eine friedliche, nicht interventionistische und behutsam modernisierte Vielvölkerföderation zu machen. Die meisten dienten aus einem Ethos der Verantwortung heraus in Funktionen dieses Staates, der viele Fehler hatte, aber im Vergleich zu dem nachfolgenden Wahnsinn geradezu als Idealstaat erscheint. Kaiser Franz Joseph, der mit Carl Menger und seinem Wirken eng vertraut war, sah seine Aufgabe darin, so sagte er selbst, »mein Volk vor seiner Regierung zu beschützen«.

Die Politisierung hatte im Vielvölkerstaat katastrophale Folgen, abwechselnd wurde bestimmten Klassen, Rassen, Religionen und Gruppierungen Schuld an den Verhältnissen zugeschrieben. Diese Verhältnisse waren undurchsichtig und spannungsgeladen, denn im alten Wien kamen inmitten höchster Geistesblüte die extremsten neuen Ideen auf: Sozialismus, Nationalismus und National-Sozialismus. Das alte Österreich holte die Industrialisierung verspätet nach, aber mit besonderer Dynamik, lag direkt zwischen Russland und dem Osmanischen Reich am größten Pulverfass der Zeit und wurde so zur explosivsten Schnittstelle zwischen alter Ordnung und politischer Moderne. Der K.-u.-k.-Staat verband feudale Elemente mit bürgerlichen Ausgleichsbemühungen und hätte zu einer zentraleuropäischen Freihandelszone werden können. Er folgte noch dem alten Staats- und Reichsverständnis, das eher metaphysisch als materialistisch-totalitär war. Leider modernisierte dieser Staat in eine falsche Richtung, der Absolutismus der Habsburger richtete großen Schaden an und brachte Völker gegeneinander auf. Zugleich war es aber ein Staat, der bei allem idealisierten Etatismus und Militarismus – der eher pompöse Inszenierung war – mit niedrigen Steuern und tendenziell sinkender Regulierung auskam. Die erste Einkommenssteuer von im Vergleich zu heute oasenhaften fünf Prozent wurde paradoxerweise unter dem Finanzminister Eugen Böhm von Bawerk eingeführt. Diese Steuer war in der Einbringung erstaunlich effizient, ein hochmotivierter und hochgebildeter Beamtenapparat sorgte dafür. Böhm zog eine solche geregelte und transparente Minimalstaatsfinanzierung der versteckten Inflationierung vor, die zuvor das beliebteste Instrument zum Schließen von Finanzierungslücken war.

Heutige Vertreter der Wiener Schule können in der Regel nur als staatsfeindlich wahrgenommen werden, da sie als Ökonomen die Willkür des Etatismus (Staatswahn) kritisieren müssen. Es geht dabei gar nicht so sehr um eine normative Bewertung konkreter Politik, sondern um die Grundfrage, ob es ökonomische Gesetzmäßigkeiten gibt, die unabhängig vom »politischen Willen« sind. Böhm von Bawerk sprach vom Gegensatz zwischen Macht und ökonomischem Gesetz. Moderner Staatswahn ignoriert ökonomische Dynamiken und schwingt sich zu einem Gottspielertum auf, das ökonomische Phänomene als beliebig steuerbar und kontrollierbar betrachtet. Immer mehr Menschen leben in einer außerökonomischen Parallelwelt, in der sie auf Kosten anderer ohne jede reale Verantwortung und unbefleckt von jeder ökonomischen Erfahrung oder Kenntnis besserwisserisch über die Existenzen anderer Menschen verfügen wollen. So kommt es dazu, dass Menschen, die in der Realität nicht einmal eine kleine Imbissbude betreiben könnten, ganze Kontinente »managen« wollen. Ökonomischer Realismus ist ihnen zuwider, denn er deckt ihre Bluffs auf. So ist eher dem modernen Staat (als Resultat dessen, was Max Weber »Beutepolitik« nannte) »Ökonomikfeindlichkeit« vorzuwerfen als realistischen Ökonomen »Staatsfeindlichkeit«.

# Ist Anarchokapitalismus die logische Konsequenz der Wiener Schule?

Murray N. Rothbard prägte den Begriff »Anarchokapitalismus«, um die Verbindung von Antietatismus und Marktwirtschaft zu bezeichnen. Dieser Begriff ist ideengeschichtlich irreführend, da sowohl Anarchismus als auch Kapitalismus politische Kampfbegriffe sind. Anarchismus bezeichnete historisch meist utopische oder terroristische Strömungen, die von Ordnungsfeindlichkeit bis hin zu einer Gesellschaftsfeindlichkeit getragen waren. Im Gegensatz dazu wählten Individualisten eher die sanftere Bezeichnung »anarch«, um eine gesunde Distanz zu Massenphänomenen und dem Staat auszudrücken.

Rothbard beschränkte sich nicht auf Ökonomik, sondern setzte sich mit Ethik und Politik auseinander und entwickelte daraus normative Empfehlungen im Gegensatz zu den meisten historischen Vertretern der Wiener Schule. Eine seiner Empfehlungen besteht darin, jede Aggression, auch staatlich legitimierte Aggression als illegitim zu betrachten. Aggression ist für ihn jeder Eingriff in körperliche Unversehrtheit und Eigentum anderer Menschen gegen ihren Willen. Steuern sind damit für Rothbard als aggressive Eigentumsdelikte zu betrachten.

Heute gelten solche Ansichten als »radikal«. Tatsächlich entsprechen sie viel eher der abendländischen Tradition. Schon Augustinus führte die Analyse zum Ergebnis, dass zwischen Räuberbanden und aggressiven Staaten kein konzeptueller Unterschied besteht. Thomas von Aquin nannte Steuern Raub, auch wenn er zum Ergebnis kam, dass bestimmte Gründe solchen Raub legitimieren könnten. Wesentliche Vertreter der spanischen Scholastik schlossen auf ein Widerstandsrecht gegen Steuern, die Tyrannis konstituieren. Es handelt sich hierbei um moralphilosophische und juristische Fragestellungen, die außerökonomisch sind.

Unter den heutigen Vertretern der Wiener Schule beziehen die klügeren und konsequenteren radikale Positionen in dem Sinn, dass sie in der Analyse eher bis an die Wurzel (*radix*) und das logische Ende gehen. »Anarchokapitalismus« ist als Konsequenz darauf zu verstehen, dass der politische Diskurs einen solchen Tiefpunkt erreicht hat, dass Legitimitätsbegründungen nicht mehr offen und logisch sauber erörtert werden, sondern schlicht vorausgesetzt und Gegenargumente diffamiert werden. Diejenigen, die heute noch Fürsprache für den modernen Staat leisten, tun das in aller Regel aus intellektueller Bequemlichkeit oder Feigheit. Denn in Zeiten des Überetatismus, der utopischen Überdehnung des Staates zum Hauptversorger, Weltretter und Verantwortungsübernehmer, fällt solche Fürsprache in eine übervolle Waagschale zu Ungunsten des Einzelnen und seiner Eigenverantwortung.

Das ist der Grund, warum gerade jüngere Freunde der Wiener Schule immer häufiger »anarchokapitalistische« Positionen beziehen und staatstragendere Positionen eher bei Funktionären zu finden sind, die Karriere machen wollen. Es handelt sich also um eine natürliche Gegenreaktion gegen die wachsende moralische Korruption, intellektuelle Feigheit und Verantwortungslosigkeit in den staatlichen und staatsnahen Strukturen. Moderne Politik verkommt – so nennt es

Rothbards deutscher Schüler Hans-Hermann Hoppe – zum Wettbewerb der Gauner.

Ein solcher »Anarchokapitalismus« hat nichts mit ordnungsfeindlichem Korporatismus zu tun, sondern ist eher das Gegenteil, er ist ein verzweifelter Ordnungsruf. Man könnte ihn im heute üblicheren Sprachgebrauch auch als »antikapitalistischen Antianarchismus« bezeichnen – denn es sind ideologische Begriffe, keine wissenschaftlichen. Für die meisten Menschen steht »Kapitalismus« für den Status quo und »Anarchismus« für gewalttätiges Chaos, in dem sich die einen auf Kosten der anderen bereichern, ohne rechtliche Konsequenzen zu fürchten. Darum rate ich vom Begriff »Anarchokapitalismus« entschieden ab, da er mehr verwirrt und polarisiert als der Erkenntnis dient.

# Sind Regulierungen immer schlecht?

Der Begriff Regulierung lässt sich vom Begriff Regel unterscheiden. Regulierung ist der Versuch, Symptome politisch zu bekämpfen, ohne die Regeln zu verstehen. Regeln sind wichtig für das Zusammenleben, und diese bieten auch Grenzen. Regulierung hingegen erschwert das Zusammenleben durch unvorhersehbare Willkür, Ermächtigung und Interventionismus. Regulierung endet meist in einer Interventionsspirale: Da die Folgen selten bedacht und gewünscht sind, legitimiert Regulierungsversagen neue Regulierung. Manchmal macht Symptombekämpfung das Leben vorübergehend erträglicher, etwa, wenn Regulierung Handlungen erschwert, die aufgrund vorhergehender – meist monetärer – Verzerrungen überhandnehmen. Doch jede Symptombekämpfung täuscht über die eigentlichen Ursachen hinweg und macht es damit langfristig unwahrscheinlicher, diese zu erkennen und zu beheben. Kurzfristig bedeutet manche Regulierung daher eine Verbesserung, langfristig jede Regulierung eine Verschlechterung der Lebensverhältnisse.

# Was spricht gegen den Sozialismus?

Mises zeigte auf, dass eine Wirtschaft, in der die Akteure nicht rechnen können, zu massiven Fehlallokationen führen muss. Darunter verstand er allerdings nicht bloße Abweichungen von irgendeinem fiktiven Gleichgewichtspunkt höchster Effizienz, sondern die Unmöglichkeit, die Produktion an den Präferenzen der Menschen auszurichten. Denn diese Präferenzen können nur in den freien Handlungen verantwortlicher Akteure sichtbar werden und sich durch erfolgte Wahl- und Tauschhandlungen in Preisen manifestieren. Die Bedeutung von Preisen liegt dabei keinesfalls in der bloßen Ausweisung von Zahlenbeträgen. Ein frei gebildeter Preis ist die Dokumentation von Entscheidungen seitens der für knappe Ressourcen verantwortlichen Menschen. Über das marktgängigste Gut, Geld, können diese vergangenen Entscheidungen in einheitlicher Form dokumentiert und damit zur Rechnungsgrundlage werden.

Fehlallokationen bedeuten eine Produktionsstruktur, die nicht den Präferenzen der Menschen entspricht, und das bedeutet letztlich Verschwendung von Ressourcen, von menschlichem Potential und von menschlichem Leben. Die frühen Sozialisten waren sich bewusst, dass der Sozialismus moralisch problematisch ist (»wo gehobelt wird, da fallen Späne«, »wer ein Omelette machen will, muss ein paar Eier zerbrechen« – so die Aussagen). Doch sie waren davon überzeugt, dass er zumindest ökonomisch überlegen ist und zu höherem Wohlstand für alle führt. Die Wiener Schule zeigte diesen Irrtum auf. Ihre Prognose, die anfangs von den meisten Intellektuellen belächelt wurde, bestätigte sich vielfach in der Verarmung bis hin zum Hungertod, in der gewaltigen Umweltzerstörung und im Massenmord im Zuge des realen Sozialismus.

# Welche konkreten politischen Lösungen bietet die Wiener Schule für heutige Probleme?

Da die Welt nach dem Verrat der Intellektuellen voll von schlechter Theorie ist, verstehen die wenigsten den Sinn guter Theorie. Oft hört man: Es sei schon alles gesagt, nur noch nicht von jedem – man müsse doch endlich etwas tun! Dabei übersieht man geflissentlich, dass die heutigen Probleme meist Folgen blinder Vieltuerei sind – einer Untugend, vor der schon die alten Griechen warnten, nämlich sich aus Selbstüberschätzung überall einzumischen und alles zu verschlimmern.

Die Wiener Schule ist eine theoretische Tradition, in der es darum geht, Probleme zu verstehen und frühzeitig zu erkennen. Dies ist die Voraussetzung der Problemvermeidung und -behebung. Die meisten Vertreter der Wiener Schule werden auch, aus persönlicher Einschätzung auf der Grundlage dieser Theorie, konkrete Vorschläge machen können – aber diese folgen nicht aus der Theorie, sondern beruhen auf ihr.

Da heute Illusionen und Missverständnisse die Begriffe und Probleme vernebeln, ist es völlig aussichtslos, öffentlich über Lösungsvorschläge zu debattieren, bevor noch das Verständnis da ist. Für die Mehrheit kommt die Erkenntnis erst mit dem Schmerz, wenn es zu spät ist. Die einzig sinnvolle »politische Lösung« ist daher etwas frühere Heranführung an Erkenntnis und Verständnis, Aufklärung und das Delegitimieren der Widerstände gegen persönliche Lösungsversuche und Alternativen. Diese konkreten Lösungen sind unternehmerische Wagnisse auf der Grundlage eines besseren Verständnisses der Realität – mit der vollen Eigenverantwortung, die Folgen eines Scheiterns oder Irrtums zu tragen.

»Politik« bedeutet heute meist, diese Kosten und Ungewissheit auf die Öffentlichkeit zu übertragen, sie bedeutet Wagnisse, deren Vorteile »Politiker« im Vorhinein konsumieren und für deren Nachteile alle anderen im Nachhinein die Rechnung bezahlen. Daher sind konkrete Lösungen gewiss nicht »politisch« im heutigen, verzerrten Wortsinn.

Unzählige Menschen arbeiten heute an innovativen und vielversprechenden Lösungsansätzen für Probleme, die erst einer Minderheit bewusst sind. Überraschend viele von diesen Menschen sind von der Wiener Schule inspiriert, sie bauen Alternativen für kaputte Institutionen, vom Geld über Banken, von Medien über Schulen bis zu Universitäten, von der Sicherheit über die Gesundheit bis hin zu alternativen politischen Ordnungen und Siedlungen. Wer die Augen öffnet und sich vom Stammtisch der typischen Geschwätz-»Politik« auf Kosten anderer Menschen, mit ihren leeren Phrasen, Programmen und Parolen, erhebt, wird zahlreiche – ungewisse und daher spannende – Lösungsansätze finden. Die Wiener Schule kann zu diesen inspirieren, aber sie nicht vorgeben.

# Ausblick

# Wo kann man die Wiener Schule heute studieren?

An einigen Universitäten wirken heute versprengte Vertreter der Wiener Schule, an manchen gibt es sogar Lehrgänge. Das Lehrangebot ändert sich laufend, darum erfolgt hier keine Auflistung. Wer Volkswirt werden möchte, sollte ein Studium der Wiener Schule allenfalls privat verfolgen. Der Beruf Volkswirt ist nämlich gebunden an Posten bei Staat, Zentralbanken oder Interessensvertretungen und Instituten, die von ebendiesen finanziert oder in engem Abhängigkeitsverhältnis zu diesen stehen. Ein Studium der Wiener Schule ist für diesen Beruf weder notwendig noch förderlich. Wer Unternehmer oder Kaufmann werden möchte, lerne in der Praxis bei guten Unternehmern oder Kaufleuten.

Ökonomisches Grundverständnis, wie es die Wiener Schule vermittelt, ist für jeden von Vorteil und jedem zu empfehlen. Heute bezeichnet »Studium« allerdings den Erwerb staatlicher Zertifikate. Ein solches war auch mit dem Studium der alten Wiener Schule verbunden, es erfolgte im Rahmen der juristischen Ausbildung in Staatswissenschaften, die hauptsächlich höhere K.-u.-k.-Beamte hervorbrachte. Die Bürokratie der K.-u.-k.-Monarchie Österreich-Ungarn war ein Elitekorps eines Minimalstaates, dessen Repräsentanten gegen Ende eher liberale Tendenzen hatten. Schon damals verstärkte der Staatsdienst etatistische Gesinnungen; heute ist es völlig ausgeschlossen, als Ökonom der Wiener Schule im Staatsdienst lange bei Prinzipien, Verstand und Karriere zu bleiben – eines der drei ist früher oder später aufzugeben. Damit sind die Zertifikate letztlich irrelevant.

Schon damals erfolgte das eigentliche wissenschaftliche Studium in interdisziplinären Seminaren, die überwiegend in Kaffeehäusern und privaten Salons stattfanden. Reste dieser Tradition finden sich noch in Wien, wo sie im *scholarium* am Leben gehalten werden. Keinesfalls darf die Wiener Schule als Ersatz für reale Wirtschaftserfahrungen studiert werden, also etwa nach dem Abitur in Vorlesungssälen, das nährt nur eine vulgär-ideologische Kleingeistigkeit. Bestenfalls ist die Wiener Schule eine nüchterne Ergänzung zu einem besseren Verständnis der Realität, die in interdisziplinärem Diskurs den Blick für das Wesentliche schärft. Der Tradition der Wiener Schule treu sind alle Erkenntnisversuche, die jede Verengung des Blicks durch Ideologie, Interessen, politische Korrektheit, Abhängigkeit, Anerkennung und Karriereambitionen meiden – egal, zu welchen Schlüssen sie zunächst gelangen. Die Essenz der Wiener Schule ist also mehr an Methode und Wahrheitsstreben als an den konkreten Schlussfolgerungen zu erkennen. Die real existierende Wiener Schule war natürlich weit mehr als diese Essenz: Auch ihre Vertreter zeigten manchmal Irrtümer, Anbiederung und Feigheit. Doch relevant ist alleine die überdauernde Essenz, der Umstand, dass die Wiener Schule im Vergleich zu all den unterschiedlichen Versuchen der Zeit, die Welt zu verstehen, weniger Irrtümer und weniger Anbiederung und Feigheit zeigte. Charakterliche Tugenden aber verleiht kein »Studium«.

Akademische Karrieren sind für die Erkenntnis kaum noch relevant, nur noch für die Breitenwirkung (»Doktoren« und »Professoren« finden mehr Gehör). Breitenwirkung allerdings hat den Preis, die Klügeren abzuschrecken und Karrieristen, Ideologen und Systemtrottel anzuziehen. Die Spezialisierung im akademischen Bereich führt dazu, dass Menschen ihre gesamte Karriere an enge Ausschnitte von Konzepten und Ideen hängen, die sie dann nicht mehr verwerfen können, sollten sie sich als falsch erweisen. Die Erstarrung der Wiener Schule als Expertise und Lehrplan von Karriereakademikern würde ihr notwendiges Ende bedeuten. Darum rate ich entschieden von akademischen Karrieren ab, die auf die Wiener Schule spezialisieren. Wenn der Schwindel der Massenuniversität auffliegt, werden die Doktoren und Professoren ohnehin ihr Ansehen verlieren – und die Einkommensmöglichkeiten schwinden bereits deutlich. Unternehmerisch denkende Menschen, welche an der Wiener Schule ihren Verstand wirklich geschärft haben (nicht bloß irgendwelche Sprüche aufgesogen haben), finden schon heute weitaus lukrativere und sinnvollere Möglichkeiten abseits der Universitäten, Ämter und zertifikatsabhängigen Posten. Es gibt kaum eine dümmere Studienwahl als Volkswirtschaft, Betriebswirtschaft, Politikwissenschaft, Soziologie oder die wachsende Zahl sozialwissenschaftlicher Modestudien. Jungen Menschen diesen Weg zu weisen wäre grob fahrlässig – obwohl richtig verstandene Sozialwissenschaften extrem spannend und relevant sind.

# Was bringt die Auseinandersetzung mit der Wiener Schule?

Auseinandersetzung mit der Wiener Schule hat fast immer diese Folgewirkungen: Erstens, eine Phase der Enttäuschung, ohnmächtigen Schreckens, bebender Wut, gemildert durch Zynismus. Zweitens, das Kennenlernen außergewöhnlicher Menschen. Drittens, das Hinterfragen wesentlicher Lebensentscheidungen und das Entwickeln einer gänzlich neuen Perspektive auf die Welt. Wer es in die vierte Phase einer nüchternen Reflektiertheit im Handeln schafft, wird durch schwindende Angst, wachsenden Lebenssinn und geistige Unabhängigkeit entlohnt, die auch zu finanzieller Unabhängigkeit werden kann. Die meisten bleiben auf der ersten Stufe stecken, weil sie zu ungeduldig sind, Selbstbestätigung und schnelle Erfolge suchen.

## Welche Szenarien lässt die Wiener Schule erwarten?

Ökonomische Analyse lässt mich folgende Szenarien erwarten: den Übergang von der unipolaren zu einer multipolaren Weltordnung, der von Spannungen begleitet ist. Die Annäherung von weiten Teilen Europas an das kulturelle und materielle Niveau von Entwicklungsländern, das heißt die Rückkehr zum Durchschnitt, begleitet von bürgerkriegsartigen Zuständen. Das Erreichen überdurchschnittlichen materiellen Niveaus durch einige ehemalige Entwicklungsländer, insbesondere in Asien. Eine Wiederkehr realistischer Sozialwissenschaft bei gleichzeitiger Abwertung akademischer Abschlüsse. Die wachsende Herausforderung des bestehenden Finanzsystems durch Alternativen, Konkurrenten und Krisen. Kurz: Spannende Zeiten!

# Wie sieht die ideale Welt für die Wiener Schule aus?

Als Erkenntnisversuch ist die Wiener Schule an der realen Welt orientiert, nicht an Idealwelten und Idealmenschen. Eine nachhaltige Verbesserung der Welt ist nur über eine Verbesserung der Menschen sinnvoll erreichbar, nicht durch große Ideen und Konzepte. Die schönsten Ideen lassen sich missbrauchen, so auch die von Vertretern der Wiener Schule. Ich wünsche mir eine Welt, in der die Menschen mehr Mut aufbringen, der Realität ins Auge zu sehen und die Wahrheit zu sagen. Das wird zunächst keine ideale Welt hervorbringen, sondern die Welt noch weniger ideal erscheinen lassen. Sodann wünsche ich mir, dass mehr Menschen den Mut aufbrächten, reale Verantwortung zu übernehmen, anstatt von anderen, insbesondere Politikern und Experten, Fernziele und Patentrezepte für eine ideale Welt zu erflehen.

# Welche weiterführende Literatur ist empfehlenswert?

In zunehmender Schwierigkeit: *Wirtschaft wirklich verstehen* (vom selben Autor), *Das Ende des Papiergeld-Zeitalters* (die Essenz der besonders verständlichen Werke von Roland Baader), *Die Wiener Schule der Nationalökonomie* (von Eugen M. Schulak und Herbert Unterköfler), *Der freie Markt und seine Feinde* (von Ludwig von Mises), *Ökonomik als Wissenschaft und die Methode der Österreichischen Schule* (von Hans-Hermann Hoppe). Dann kann man sich die weitere Originalliteratur vornehmen (etwa *Grundsätze der Volkswirtschaftslehre* von Carl Menger, *Nationalökonomie* bzw. *Human Action* von Ludwig von Mises, *Kapital und Kapitalzins* von Eugen Böhm von Bawerk). Bei interdisziplinärem Interesse an aktuellen Fragen sei die Schriftenreihe *Scholien* (vom Autor dieses Buches) besonders ans Herz gelegt, die der Wiener Schule nicht doktrinär, sondern mit Sympathie verbunden ist.

## Sind auch andere Wiener Schulen interessant?

Das Etikett »Wiener Schule« soll nur die Verdichtung wissenschaftlicher und kultureller Entwicklung im Wien des späten 19. und frühen 20. Jahrhunderts bezeichnen. In vielen Bereichen findet sich hier Interessantes. Die Ökonomik hat insofern eine Sonderstellung, weil sie politisch und gesellschaftlich so brisant und bedeutsam ist und sonst fast überall in den Bann politischer Interessen geriet. Die österreichische Aufklärung hatte mit der schottischen bzw. anglo-amerikanischen Aufklärung eine Sonderstellung, da sie sich in positiver Weise von den tödlichen Verirrungen der sonstigen kontinentalen Aufklärung abhob. Zudem war der Alpenraum für menschliche Freiheit seit jeher ein eher günstiger Boden. Man könnte von einer Wiener Schule der Politik und einer Wiener Schule der Ethik sprechen, beides nicht als abgeschlossene Lehren, sondern als Verdichtungen neuer und realistischerer Ansätze. Zudem gab es, unter anderem, Wiener Schulen der Medizin, Kunstgeschichte, Musik, Architektur, Psychologie, Ethnologie und des Kunsthandwerks.

# Wer ist eigentlich der Autor, was qualifiziert ihn?

Nach fast 20 Jahren des Studiums, der Lehre und der Forschung in der Tradition der Wiener Schule, kenne ich sie wie kaum ein anderer. Ich lernte bei den letzten Vertretern der »Austrian Economics« in den USA, habe aber auch Zugang zu den vergessenen, deutschsprachigen Schriften aus dem alten Wien. Ich unterrichte zwar an Universitäten und bin vielgebuchter Vortragender und Berater für wichtige Institutionen und Unternehmen, doch stehe ich niemandem in der Pflicht. Ich kann es mir leisten, frei zu sprechen und zu schreiben, da ich ein völlig unabhängiger Privatgelehrter bin. Durch meine intellektuelle Freiheit konnte ich sehr viele Fachbereiche kennenlernen und lebe die Essenz der Wiener Schule in interdisziplinärer Erkenntnissuche ohne Denkverbote und hintergründige Absichten. Wer ernsthaft an der wirklichen Wiener Schule interessiert ist, kommt am *scholarium* nicht vorbei, dessen Rektor ich bin. Das *scholarium* ist eine unabhängige private Hochschule, an der einige der klügsten Köpfe studieren und forschen, aber auch praktisches Unternehmertum gelebt und vermittelt wird.

## Warum wurde dieses Buch geschrieben?

Weil mich der Verlag darum gebeten hat. Die durchschnittlichen Konzentrationsspannen fallen im Zuge der Digitalisierung dramatisch ab, es werden immer weniger Bücher gelesen. Ich war motiviert, nochmals knapper und einfacher zur Wiener Schule zu schreiben, weil ich realistische Ökonomik für spannend und hilfreich halte. Ich nehme keine Meinungen ernst, wenn sie nicht aus mußevoller Erkenntnissuche stammen und das Handeln des Menschen wirklich verstehen wollen – das, was das Ziel realistischer Ökonomik in der Tradition der Wiener Schule war. Ich bin kein Missionar, teile aber mein Wissen, wenn ich darum gebeten werde und auf Interesse stoße.

# Was ist die Essenz dieses Buches? Gibt es eine Kurzzusammenfassung?

Dieses Buch ist ein noch einfacherer und kürzerer Versuch, die Essenz eines Buches zusammenzufassen, das selbst eine einfache und kurze Einführung in die Wiener Schule war. Die noch einfachere und kürzere Kürzestzusammenfassung für Nichtleser wäre: Bitte enthalten Sie sich ökonomischer Meinungen, vertrauen Sie im Zweifelsfall keinen Ökonomen und kümmern Sie sich um Ihre eigene Wirtschaft. Maßen Sie sich nicht an, als Besserwisser über das Wirtschaften anderer Menschen zu befinden oder Politiker dazu zu ermächtigen. Besonders dann nicht, wenn Sie aus Bequemlichkeit Kurzzusammenfassungen suchen – alles andere wäre nicht nur dumm, sondern auch peinlich.

# Ist das wirklich alles, was man über die Österreichische Schule wissen muss?

Nein. Es ist zugleich viel zu viel und viel zu wenig. Zu viel ist es für diejenigen, die Wissen als ein Muss ansehen, als lästige Pflicht, um gesellschaftlich nichts zu verpassen. Am liebsten würden sie die Welt in dreiminütigen YouTube-Clips schon vorverdaut serviert bekommen und die »ganze Wahrheit« – ohne verwirrende Mehrdeutigkeiten, Paradoxa, Exkurse – in kurzen Merksätzen aufsaugen können. Der Zweck dieser »Wahrheit« wäre freilich, sich weder zu blamieren noch etwas riskieren zu müssen, also als Systemtrottel sich irgendeinem Lager anschließen zu dürfen, um mit einer neuen Herde zu blöken, so klein diese auch sein mag.

Wahrheit ist aber ein unerreichbares Ideal, das uns dazu motiviert, mühsam widersprüchliche Wissenskörner aus dem Fluss der Zeit zu waschen. Wirklich fündig wird man nur, wenn man sich auf die tieferen Sedimente konzentriert, nicht auf das schnelle Treiben an der Oberfläche. Wer Wissen als Darf und nicht als Muss interpretiert, als seltenes Fundstück, im Einzelnen von geringem Wert, aber als lebenslange Übung Schätze stiftend, für den ist dieses Büchlein viel zu wenig. Im besten Fall ist es eine erste Einladung zum Selber- und Weiterdenken. Dann wäre es zwar wirklich *alles*, was es braucht, aber die Österreichische oder Wiener Schule bliebe dabei reine Nebensache. Sie enthält kein besonderes Geheimwissen, sondern ist allenfalls ein erstes Guckloch in eine geheimnisvolle Welt abseits der bequemen Illusionen, Lügen und Halbwahrheiten – die Realität.

# Über den Autor

Rahim Taghizadegan ist der letzte österreichische Vertreter der Österreichischen Schule in direkter Tradition. Nach zahlreichen Lehraufträgen, unter anderem an der Universität Liechtenstein, der Wirtschaftsuniversität Wien und der Universität Halle, leitet er heute das *scholarium* in der Schweiz, wo die Österreichische Schule in ihrer ursprünglichen, interdisziplinären Form studiert werden kann.

Er ist mehrfacher Bestsellerautor, gefragter Redner, Unternehmer und Investor. Mit seinem Titel *Österreichische Schule für Anleger* war er für den Deutschen Finanzbuchpreis 2015 nominiert. Außerdem erschienen im FinanzBuch Verlag *Wirtschaft wirklich verstehen* und *Helden, Schurken, Visionäre.*